Das Mädchen-Fragebuch

4. Auflage 2018
© Ueberreuter Verlag GmbH, Berlin 2015
ISBN 978-3-7641-7033-2
Erstausgabe © Verlag Carl Ueberreuter, Wien 2004
ISBN 978-3-8000-1587-0
Originalausgabe © Verlag Carl Ueberreuter, Wien 1992
ISBN 978-3-8000-1474-3

Umschlaggestaltung: Vivien Heinz, Henry's Lodge
unter der Verwendung eines Fotos von © Daniel Grill/Getty Images
Innenillustrationen: Johanna Hempel
Druck und Bindung: Finidr, s.r.o., Český Těšín
Gedruckt auf Papier aus geprüfter nachhaltiger Forstwirtschaft.

www.ueberreuter.de

Sylvia Schneider | Katrin Warnstedt

Das Mädchen-Fragebuch

Wachsen und erwachsen werden

Unter Mitarbeit von
Helmut H. Erb

ueberreuter

Darum geht's:

Ist Liebe für Jungen und Mädchen das Gleiche?

Gehören Liebe und Sex zusammen oder nicht?

Ist der siebte Himmel der richtige Ort für Sex?

Wann darf man miteinander schlafen?

For the very first time – was passiert dabei?

Wie fühlt sich ein Orgasmus an?

Gefällt es ihm wirklich mit mir?

Mir macht Sex keinen Spaß – bin ich nicht normal?

Was ist pervers?

Dürfen sich Mädchen auch selbst befriedigen?

Ich mag Mädchen eigentlich lieber – bin ich lesbisch?

Welche Verhütungsmittel sind für junge
Mädchen geeignet?

Was sind die Vor- und Nachteile von hormonellen
Verhütungsmitteln?

Wie wird ein Kondom richtig angewendet?

Wie funktionieren Pille und Scheidenring?

Woran merke ich, dass ich schwanger bin?

Was passiert bei einer Schwangerschaft?

Ich bin schwanger – was nun?

Ist Aids noch eine Bedrohung?

Ist es sinnvoll, einen Aids-Test zu verlangen?

Wie schütze ich mich vor Geschlechtskrankheiten?

Ich wurde missbraucht – wo finde ich Hilfe?

Warum komme ich jetzt oft mit meinen
Eltern nicht klar?

Warum wollen meine Eltern sich trennen?

Warum mögen meine Eltern meine Freunde nicht?

Warum sind mir meine Eltern auf einmal peinlich?

Warum kommandieren mich alle herum?

Was muss ich bei sozialen Netzwerken beachten?

// erwachen

Du befindest dich zurzeit in einer ganz besonderen Entwicklungsphase oder stehst an der Stufe davor. Du bist auf dem Weg, ein erwachsener Mensch zu werden.

In der Pubertät wächst du nicht nur körperlich zu einer Frau heran, die Kinder bekommen kann, sondern reifst auch seelisch. Das ist mit vielen Veränderungen in deinem Leben verbunden: Du möchtest dich mehr und mehr von deinen Eltern abnabeln, entwickelst zu vielen Dingen andere Ansichten als sie, möchtest neue Freunde finden, dich verlieben, kurz und gut: Du wirst erwachsen und willst dich auch so verhalten. Zum ersten Mal in deinem Leben verfolgst du deine eigene Entwicklung bewusst mit und möchtest sie selbst steuern. Da das für dich und deine Eltern völlig neu ist, sind Krisen und Missverständnisse unausweichlich. Nicht umsonst sagt man: »Pubertät ist, wenn die Eltern seltsam werden!«

Bei den meisten Problemen, die dich beschäftigen, handelt es sich jedoch um ganz normale Probleme von Jugendlichen, die auf dem Weg zu einer eigenen Persönlichkeit sind. Manche sind noch nicht einmal Probleme, sie erscheinen dir vielleicht nur so, weil du dich noch nicht mit ihnen auskennst oder nicht weißt, was dahintersteckt. Insofern lassen sich viele Schwierigkeiten mit Wissen, Diplomatie und Verständnis für die anderen regeln. Entscheidend ist aber, dass du für dich selbst Verständnis hast und begreifen kannst, was in dir und mit dir passiert.

Dabei will dir dieses Buch helfen. Es soll Antworten auf die wichtigsten Fragen geben, die dich berühren und beunruhigen können. Das meiste im Leben wird bedeutend einfacher, wenn man weiß, was los ist. Und nur dann kann man auch wirklich Entscheidungen treffen.

Mädchen erleben ihre Pubertät anders als Jungen. Das wirst du sicher an deinen Freunden merken. Sie entwickeln sich körperlich und seelisch auf ihre eigene Weise, erleben die Sexualität anders, kommen zu einer anderen Einschätzung, was viele Dinge des Lebens angeht. Deswegen ist dieses Buch für Mädchen gedacht. Natürlich können es auch Jungen lesen, die über ihren Tellerrand hinausschauen und wissen wollen, wie sich Mädchen entwickeln, wie sie denken und fühlen. Aber selbstverständlich kommt ebenfalls einiges darin vor, was du über Jungs wissen willst.

Erwachsen werden ist nicht nur ein spannendes Abenteuer, sondern oft ein ziemlich anstrengendes, weil sehr viel Neues von außen und innen auf einmal auf dich einstürmt. Es gibt Unmengen von interessanten Sachen zu entdecken. Du wirst dich zum Teil ganz verträumt, zum anderen aber auch ganz wach und klar fühlen. Mal hast du gute Laune, mal hängst du total durch. Das sind ganz normale Erscheinungen deines Alters. Versuche einfach, diese innere Vielfalt zu genießen. Nie wieder im Leben wirst du in dieser Weise die Chance haben, über alte Möglichkeiten hinauszuwachsen und sowohl körperliche als auch geistige und seelische Veränderungen wahrzunehmen und auszukosten – ohne gleich hundertprozentig zur Verantwortung gezogen zu werden.

Ist es normal, dass ich mit 14 noch nicht in der Pubertät bin, aber fast alle meine Freundinnen schon?
Ja, völlig. Jedes Mädchen hat sein eigenes Tempo.

Wird das Leben durch die Pubertät anders?
Aufregender und komplexer!

Warum stehe ich jetzt so oft allein da?
Das kommt dir nur so vor. Deine Seele beginnt sich abzunabeln.

Warum finde ich auf einmal vieles blöd, was Erwachsene sagen?
Weil du dir jetzt eine eigene Meinung bildest.

Ich verstehe mich manchmal selbst nicht.
Du lernst dich ja jetzt auch erst richtig kennen!

Haben andere Mädchen auch manchmal so eine Angst vor der Zukunft wie ich?
Das ist völlig normal. Haben Erwachsene übrigens oft auch – gerade in schwierigen Zeiten.

Warum werde ich manchmal von meiner schlechten Laune fast erschlagen?
Weil du erst lernen musst, mit negativen Gefühlen umzugehen. Außerdem tanzen deine Hormone in der Pubertät manchmal Tango.

// Wann beginnt die Pubertät?

Im Allgemeinen beginnt diese Entwicklungsphase um das zehnte Lebensjahr herum und ist ungefähr mit 17 bis 18 Jahren abgeschlossen. Mädchen kommen etwa anderthalb Jahre früher in die Pubertät als Jungen. Mädchen und Jungen in den Industriestaaten – also Europa und USA – erleben die Pubertät früher als Kinder in anderen Ländern, ganz besonders als die in den Entwicklungsländern.

Auch hierzulande setzte die Pubertät in früheren Generationen später ein: Noch vor etwa hundert Jahren bekamen Mädchen erst mit 16 Jahren ihre erste Regel. Heute ist das manchmal schon bei neunjährigen Mädchen der Fall.

Warum das so ist, weiß man noch nicht so genau. Wahrscheinlich wird der Beginn der Pubertät von einer Reihe von Dingen beeinflusst. Fachleute sind beispielsweise der Ansicht, dass vor allem die ausreichende Ernährung und unsere günstigen Lebensbedingungen dafür verantwortlich sind. Früher hatten die Menschen oft nicht genug zu essen und lebten allgemein schlechter – vor allem in unhygienischeren Verhältnissen – als wir heute. Möglicherweise spielt auch Stress eine Rolle. Andererseits ist aber auch Vererbung ein ganz wesentlicher Punkt. Wahrscheinlich aber beeinflussen sich all diese Umstände gegenseitig.

Ob du selbst nun mit 10 oder mit 14 Jahren in die Pubertät kommst, lässt sich nicht vorhersagen. Beides ist gleichermaßen normal, und es braucht dich nicht zu beunruhigen – egal, ob du dich besonders früh oder besonders spät entwickelst.

// Warum wird plötzlich alles ganz anders?

Wenn ein Mädchen zur Frau wird, werden viele innere und äußere Dinge anders. Die Veränderungen können ganz allmählich vonstattengehen, sodass du dich langsam daran gewöhnen kannst, aber auch in richtigen Schüben, dass du dich geradezu überfallen fühlst. Die Pubertät ist eine Zeit des Übergangs: Dein Leben wird immer komplexer, weil du dabei bist, dich zu einem selbstständigen Menschen zu entwickeln. Die körperlichen Veränderungen sind dabei lediglich die sichtbarsten. Was dich genauso beschäftigen wird, sind die psychischen Veränderungen, die in dir passieren, und der sich ändernde Umgang mit anderen Menschen, die daran gekoppelt sind oder mit dem Erwachsenwerden allgemein zu tun haben.

Bei jedem Mädchen setzen diese Veränderungen zu einem anderen Zeitpunkt ein, der sich nicht vorhersagen lässt. Auch kann man nicht vorhersehen, wie du darauf reagierst und damit fertig wirst. Denn das hängt nicht nur vom Tempo deiner ganz persönlichen körperlichen Entwicklung ab, sondern auch davon, was für ein Mensch du bist, welche Fähigkeiten du mit auf die Welt bekommen hast, in welchen Verhältnissen du lebst, wie du damit klarkommst, wie deine Eltern gestrickt sind und welche Vorbilder du dir auswählst.

Allein daraus wird schon deutlich, dass all deine Freundinnen und Freunde sich in einer völlig anderen Phase befinden können als du oder mit anstehenden Problemen besser oder schlechter fertig werden – obwohl ihr gleich alt seid. Während du dich vielleicht schon für einen Jungen aus der nächsten Klasse interessierst, spielt deine Freundin womöglich noch mit Puppen. Oder aber deine Klassenkameradin hat bereits einen richtigen Busen, und bei dir ist die Brust noch ganz flach. Während du dich selbst vielleicht ganz hässlich, unbeholfen und linkisch fühlst, tritt deine gleichaltrige Cousine schon sexy, verführerisch und selbstbewusst wie die Siegerin einer Modelshow auf. Das ist einer der Gründe, warum du dich in der Zeit der Pubertät manchmal einsam fühlen kannst. In gewisser Hinsicht verstärkt sich dein Abstand zu allen anderen Menschen, weil du dich mehr und mehr als Einzelwesen fühlst.

Mit deinen Eltern wirst du – wahrscheinlich zum ersten Mal in deinem Leben – handfeste Streite ausfechten. Vieles von dem, was sie sagen und tun, wird dir auf einmal daneben vorkommen und peinlich sein. Andererseits sind deine Eltern dir wohl auch die liebsten Menschen auf der Welt. Diese zwiespältigen Empfindungen können ein Gefühl der Einsamkeit in dir auslösen, können dir aber auch die Chance geben, Mutter und Vater noch einmal ganz neu kennenzulernen.

Du entwickelst jetzt allgemein für alles neue Sicht- und Denkweisen. Merkst auf einmal, dass es nicht nur den einen Weg gibt, der dir zu Hause vorgelebt wurde, sondern viele verschiedene, und dass du auch selbst ausprobieren oder entscheiden willst, welchen du für dich selbst am besten findest. Die Pubertät ist keine Zeit der Halbherzigkeiten oder faulen Kompromisse. Du willst jetzt alles ganz genau wissen. Konsequenz im Denken und Handeln ist für dich besonders wichtig. Dein Horizont erweitert sich täglich, und du lernst mit Riesenschritten dazu.

Was dir wahrscheinlich auch zu schaffen machen wird, sind unerklärliche Gefühlsumschwünge, die dich von Zeit zu Zeit überfallen. Oft weißt du selbst nicht, was mit dir los ist.

// Warum ist meine Laune heute so, morgen so?

Du bist jetzt wahrscheinlich häufig launisch und gereizt und könntest vor allem dann in die Luft gehen, wenn dich jemand darauf anspricht. Jeder hat ab und zu unangenehme Gefühle. Kein Mensch ist immer gleich gut drauf. Du weißt ja, dass auch deine Eltern oder Lehrer manchmal schlecht gelaunt sind und leicht aus der Haut fahren können. Wir müssen es zwar lernen, mit solchen negativen Gefühlen umzugehen, doch es gelingt uns nicht immer gleich gut und schon gar nicht auf Anhieb.

An anderen Tagen wiederum sprühst du vor Lebensfreude und Unternehmungslust. Du möchtest überall herumhüpfen und alles gleichzeitig entdecken. Du reißt alle anderen mit deiner Fröhlichkeit mit und möchtest dich über viele Dinge ausschütten vor Lachen. Mit deinen Freundinnen kannst du derartig kichern und herumalbern, dass Außenstehende sich nur noch an den Kopf fassen können.

Dass es dir jetzt mal so, mal so geht, liegt zum einen an den Hormonen, die nun in deinem Körper in größeren Mengen gebildet werden. Sie bestimmen nämlich dein Befinden mit. Solange die Hormonbildung sich noch nicht richtig eingependelt hat, wirst du dich mit dieser Gefühlsachterbahn arrangieren müssen. Zum anderen merkst du jetzt einfach mehr, du nimmst dich intensiver wahr, und du beginnst, alles Mögliche zu hinterfragen. Wahrscheinlich aber wirst du dich manchmal selbst nicht richtig verstehen.

Gefühle können verwirren und aufwühlen. Sie können wunderbar und herrlich sein, sie können aber auch Angst machen und einen mit einer solchen Wucht treffen, dass man sich kaum vorstellen kann, wie es weitergehen soll. Manchmal glaubt man, dass man von seiner eigenen Stimmung niedergedrückt wird, vor allem wenn es sich um miese Gefühle handelt – wie Wut, Eifersucht, Hass, Selbstzweifel, Liebeskummer oder Angst.

Die meisten Jugendlichen stecken hin und wieder in einem solchen Chaos von Gefühlen: Man merkt plötzlich, dass zwischen ihnen nur ein schmaler Grat liegt, dass man gleichzeitig lieben und hassen, eifersüchtig und selbst untreu, wütend und sanft sein kann. Das strengt an und kann dazu führen, dass du dich von anderen Menschen zurückziehen möchtest, dass du aus heiterem Himmel mit ihnen streitest, sie heftig angreifst, dass du ohne von außen erkennbaren Grund weinst oder lachst.

Jeder muss lernen, mit seinen Gefühlen bewusst umzugehen. Mit den guten Gefühlen ist das meistens kaum ein

Problem. Mit schlechten kann das schon schwieriger sein. Manchmal sind sie so stark, dass sie irgendwie aus einem herausmüssen. Schön ist es, wenn du mit anderen darüber sprechen kannst. Vielleicht vertraust du deinen Kummer und deine Freude auch einem Tagebuch an. Viele Mädchen schreiben Gedichte, kleine Geschichten oder malen, wenn sie sich gerade nicht mit Worten ausdrücken wollen oder können.

Manche Menschen, nicht nur Teenager, die mit ihren negativen Gefühlen nicht umgehen können, wenden ihre Energien gegen sich selbst, indem sie beispielsweise zu wenig schlafen, zu viel oder zu wenig essen, Drogen nehmen oder sich bis zur Erschöpfung anstrengen. Damit wollen sie ihren Kummer vergessen, doch das bringt sie sicher nicht weiter.

Natürlich muss man seine Gefühle in irgendeiner Form ausdrücken. Sie darf jedoch einem selbst und anderen nicht wehtun oder in irgendeiner Weise schaden. Wer negative Gefühle nicht irgendwie rauslässt, wird auf Dauer krank und in manchen Fällen auch aggressiv oder gewalttätig.

Die Pubertät scheint also eine sehr widersprüchliche Sache zu sein. So als würdest du über Nacht erwachsen werden, obwohl du noch ein Kind bist. Einerseits bedeutet das mehr Freiheit und Unabhängigkeit für dich, andererseits aber auch mehr Verantwortung. Es ist ganz klar, dass du dich da oftmals ganz allein fühlst und von deinen Gefühlen regelrecht überwältigt wirst. Wenn die Menschen um dich herum dich ernst nehmen und verstehen, dass du eine ganz wichtige Entwicklung durchläufst, wird vieles etwas einfacher für dich. Sind sie aber selbst überfordert damit, dass du nun erwachsen wirst, kann das deine Lage erheblich erschweren. So oder so wirst du vielleicht manchmal das Gefühl haben, dass dich keiner versteht oder deine Eltern dich nicht mehr richtig lieb haben.

Du wirst in Zukunft eine ganze Menge Dinge ausprobieren, die nicht immer von Erfolg gekrönt sind – gerade im Umgang mit anderen Menschen. Das geht allen so. Du darfst dich dadurch nicht entmutigen lassen. Der beliebte und deshalb etwas nervige Satz »Übung macht den Meister« hat durchaus seine Berechtigung. Und deswegen ist es auch gut, wenn du immer noch in die Geborgenheit deiner Familie zurückkehren kannst.

// Wer bin ich eigentlich?

Hinter all den Gefühlsumschwüngen stehen die Fragen, die dich zurzeit wohl am meisten bewegen:

»Wer bin ich eigentlich, wohin wird mich mein Weg führen, wird sich alles so entwickeln, wie ich es mir erträume?« Eine ganz entscheidende Überlegung vieler junger Menschen ist auch folgende: »Welchen Sinn hat das Leben, hat es überhaupt einen Sinn?«

Diese Fragen bewegen die Menschen seit Jahrtausenden; sie bilden sogar die Grundlage für die Entstehung der Weltreligionen.

Manchmal wirst du das Gefühl haben, wie in einem Film zu leben, in dem du dir selbst zuschaust. Wie oft hast du als Kind in den Spiegel geguckt und davor herumgealbert? Nun hast du das Gefühl, als würdest du dich zum ersten Mal richtig sehen. Du kommst dir auf einmal gar nicht mehr vertraut vor, und du siehst dich aus einer ganz neuen Sicht. Und dein Äußeres verändert sich ja tatsächlich. Du nimmst viele Einzelheiten an dir zum ersten Mal richtig wahr – etwa deine Augen, deine Haare, deine Figur. Gleichzeitig fängt es in deinem Kopf nun an zu rumoren. Er denkt mit dir viele neue Dinge, die aufregend, aber auch beängstigend sein können. Das ganze Leben ist ein einziger Entwicklungsprozess. Der Mensch bleibt nie im Stillstand. Das ist gut so, denn wenn es nicht immer noch etwas Neues zu lernen gäbe, wäre das Leben ja langweilig!

In der Pubertät machst du die entscheidendsten Schritte in der Entwicklung deiner Persönlichkeit durch. Es passiert ziemlich viel auf einmal mit dir. Zwar bist du schon als Kind eine ausgeprägte Persönlichkeit gewesen, doch jetzt formen sich weitere Charaktereigenschaften aus. Vor allem entwickelst du deine eigene Meinung und deine eigenen Vorstellungen vom Leben.

// Bin ich schön?

Was ist überhaupt schön? Schönheitsideale gibt es viele. Sie ändern sich von Kulturkreis zu Kulturkreis, von Zeit zu Zeit. Das wird dir erst mal egal sein, denn du lebst jetzt und hier und willst vielleicht so aussehen wie all die Models und Stars, die du in Filmen, im Internet und in Zeitschriften siehst. Das kannst du auch ganz einfach: Wenn du dir ein professionelles Make-up machen, dich von einem guten Fotografen ablichten und das Foto anschließend am Computer noch bearbeiten lässt. Das heißt, deine Figur wird zurechtgeschnitten, deine Haut gereinigt, dein Gesicht ebenmäßiger, deine Nase kleiner, dein Haar voller, deine Augen glänzender gemacht und, und, und … Denn so passiert es gewöhnlich mit den Models, die du in Zeitschriften und auf Plakaten siehst. Aber was hat das Foto mit der Wirklichkeit zu tun? Die Kosmetikindustrie nutzt den Anspruch vieler Frauen, sich attraktiv finden zu wollen, gnadenlos aus, um ihre Produkte zu bewerben. Sie präsentieren dir auf der Titelseite einer Zeitschrift ein Schönheitsideal, welches vom tatsächlichen Aussehen der meisten Mädchen und Frauen so weit wie möglich entfernt ist, damit sie dir auf den Folgeseiten ihre Cremes, Shampoos, Diätprodukte und Fitnessgeräte anpreisen können. Es ist nicht nur in deinem Alter schwer, sich diesem aufgedrückten Schönheitsideal zu entziehen, darum ist es umso wichtiger, dass du dafür ein Bewusstsein entwickelst.

Oberflächliche Schönheit ist sowieso nicht alles. Du kennst vielleicht die Situation, dass jemand abfällig über das Äußere eines Menschen, der dir nahesteht, spricht. Sicher hat auch dich das verletzt, weil du diese Person gut kennst. Du weißt, dass sie klug, lustig und warmherzig ist, und deswegen findest du sie auch schön. Deinen Freunden wird es mit dir nicht anders gehen. Es gibt immer jemanden, der dich schön finden wird, weil er dich aufgrund deiner Charaktereigenschaften liebt. Deine Ausstrahlung ist die eigentliche Schönheit.

Sicher hast du schon oft den wohlmeinenden Satz gehört: »Wahre Schönheit kommt von innen.« Auch wenn er natürlich wahr ist, er hilft dir erst einmal nicht weiter. Deswegen wirst du hier ein paar Tipps finden, die dir einfach helfen sollen, dich attraktiver und selbstbewusster zu fühlen.

// Wie werde ich selbstbewusster?

Die Art, wie du auf andere wirkst, ist immer ein Spiegel deines eigenen Befindens. Trottest du traurig und deprimiert die Straße entlang, hängen deine Schultern so tief, dass sie fast den Boden berühren, senkst du den Blick auf deine Füße, strahlst du auch etwas Negatives aus. Gehst du gut gelaunt, erhobenen Hauptes, gerade, mit nach hinten gezogenen Schultern und zielstrebig, bietest du schon ein ganz anderes Bild! Leg ruhig mal einen Gang zu, du wirst sehen, dass du dich energischer und besser fühlst. Versuch einmal, auf der Straße jemanden anzulächeln. In den meisten Fällen lächelt derjenige zurück. Ganz automatisch. Die meisten Menschen wollen gern positive Personen um sich herum haben, weil es ihnen selber ein gutes Gefühl gibt. Du umgibst dich sicher auch lieber mit Leuten, mit denen du lachen kannst, als immer von der schlechten Stimmung anderer heruntergezogen zu werden. Klar, dass du nicht jeden Tag vor guter Laune sprühst, aber du kannst durchaus lernen, das Leben eher von der positiven Seite zu betrachten, und das hat direkt mit deinem eigenen Selbstvertrauen zu tun.

Du wirst auch sicher schon bemerkt haben, dass es in deiner Umgebung stille, sogenannte introvertierte, und etwas lautere, extrovertierte Menschen gibt. Letzteren fällt es oft leichter, durchs Leben zu gehen, als den stillen Typen. Logisch, sie wirken erst mal offener, positiver, mitreißender. Das heißt aber nicht, dass der stille Teil der Menschheit nicht auch diese Eigenschaften hätte, er teilt sie nur nicht sofort mit allen anderen. Er braucht eine längere Zeit, um zu jemandem Vertrauen aufzubauen, und oft braucht man ein bisschen Geduld, um von ihm etwas zu erfahren, was der Extrovertierte schon im ersten Gespräch erzählt.

Sicher weißt du schon, zu welchem Typ du dich zählst, es kann aber auch sein, dass du dich gerade von einem extrovertierten Kind in einen introvertierten Teenager verwandelst. Das ist nicht ungewöhnlich, weil du jetzt mehr über dich und die Welt nachdenkst. Wenn es dir damit gut geht, ist alles bestens, wenn es dir allerdings zunehmend schwerer fällt, auf deine Mitmenschen zuzugehen und es für dich möglicherweise zu einem echten Problem wird, dann solltest du dich damit auseinandersetzen, und zwar je eher desto besser, denn je länger du in bestimmten Verhaltensweisen verharrst, desto schwerer wird es dir fallen, sie später wieder abzulegen.

Wenn du also eher der schüchterne Typ bist, versuch einmal, deine Stimme im täglichen Umgang mit deinen Mitmenschen etwas lauter zu erheben, setz dich in der Schule nicht dorthin, wo dich möglichst keiner sieht, setz dich nach vorn und mach den Mund auf! Trau dich, etwas zu fragen. Viele Menschen haben in größerer Runde Angst, sie könnten etwas Dummes sagen und würden vielleicht ausgelacht. Viele Dinge sind dir in deinem Alter schnell peinlich, aber sei dir gewiss, dass die meisten Leute sehr viel offener sind, als du denkst. Oft sind sie sogar froh, dass du eine Frage stellst, die sie sich selbst nicht getraut haben, zu formulieren. Wenn du das in deinem Alter schon trainierst, erspart dir das in deinem späteren Leben sehr viel mehr Arbeit. Wenn du dabei nervös wirst, dann ist das völlig okay und besser, als wenn du versuchst, es mit aller Macht zu verbergen. Die anderen merken es so oder so, und sicher wird man dir eher deinen Mut anrechnen, als sich über deine Nervosität lustig zu machen, eben weil es vielen Menschen so geht. Hast du es ein paar Mal probiert, wird die Nervosität immer weniger. Wenn du das nicht gleich in deiner Klasse schaffst, dann probiere es ruhig einmal in einer anderen Gruppe aus, beispielsweise, wenn du dich einem Verein, der deinen Interessen entspricht, anschließt. Dort kennt dich noch keiner, und du kannst dich einmal ganz neu präsentieren. Hast du es dort geschafft, fällt es dir sicher leichter, dein Verhalten auch in die Schule zu übertragen.

Du kannst aber auch auf anderen, ganz einfachen Wegen zu mehr Selbstvertrauen kommen. Wenn du dir zum Beispiel öfter mal einen kleinen Plan machst und ihn dann durchziehst, zum Beispiel. Das kann eine ganz kleine Angelegenheit sein, wie das Ausmisten deines Kleiderschranks. Was immer du dir vornimmst, du fühlst dich gut, wenn du es dann auch gemacht hast, denn es stärkt ganz einfach dein Vertrauen in dich selber! Such dir einen Sport aus, mit dem du dich wohlfühlst: Geh eine Runde joggen, tanzen oder Frisbee spielen. Das bringt deinen Körper in Schwung, dich selber in Form und verschafft dir eine große Befriedigung.

Manchmal hast du sicher das Gefühl, dass du dich selber ohrfeigen könntest, weil du irgendwo etwas verbockt hast. Das ist auch okay, aber ohrfeige dich nicht zu lange. Was geschehen ist, ist geschehen, und es bringt dich langfristig nicht weiter, darüber zu jammern. Sieh es so, dass du wahrscheinlich etwas dazugelernt hast. Jeder Mensch macht andauernd Fehler, auch wenn es dir so vorkommt, als wärst nur du diejenige. Vielleicht kommt es daher, dass du mit dir selber strenger bist als mit den anderen. Sei ruhig etwas nachsichtig mit dir. Im Laufe des Erwachsenwerdens lernst du dich selber ja erst kennen. Wenn du hingefallen bist, dann steh wieder auf!

Versuch allem, was dir im Alltag passiert, eine positive Seite abzugewinnen, und behandle dich vor allem nicht selber schlecht. Du machst es deinen Mitmenschen unnötig schwer, dich leiden zu können, wenn sogar du dich selber nicht leiden kannst.

// Was soll aus mir werden?

»Wenn ich erwachsen bin, möchte ich nur noch die Dinge tun, die ich wirklich will!« – das denkt sich fast ohne Ausnahme jeder Jugendliche.

Das Leben mit seinen Möglichkeiten richtig einzuschätzen, will allerdings erst gelernt sein. Je mehr du in die Welt hinausstrebst, desto häufiger kann es zu Enttäuschungen kommen. Aber auch zu Erfolgen, Glücksgefühlen und der Gewissheit, dass man es schaffen wird! Erwachsen werden ist ein langer und nicht immer leichter Weg, auf dem du Stück für Stück deine eigenen Erfahrungen machen wirst. Du musst Abschied nehmen von der Kindheit, ohne zu wissen, was nun auf dich zukommt. Du solltest dir dazu so viel Zeit zugestehen, wie du wirklich brauchst. Nicht nur Jugendliche, sondern auch Erwachsene haben ein unterschiedliches Tempo, zu denken, zu leben und sich zu entwickeln. Manche schaffen es sogar erst in einem höheren Lebensalter, richtig erwachsen zu werden.

Auf viele Fragen gilt es jetzt allmählich eine Antwort zu finden: »Welche Ziele will ich im Leben erreichen? Will ich beruflich erfolgreich sein? Mit viel Geld oder wenig leben? Kinder haben oder keine? Eine Partnerschaft, mehrere oder gar keine eingehen? Studieren oder eine Lehre machen? Ins Ausland gehen? Mich für irgendetwas engagieren oder einfach nur Spaß haben und in den Tag hineinleben?«

Es gibt keine Notwendigkeit, die Antworten auf diese Fragen schnell zu finden. Die meisten finden sich mit der Zeit wie von selbst.

Woran merke ich, dass die Pubertät angefangen hat?
Deine Brüste und Schamhaare beginnen zu wachsen.

Wann setzt die erste Regel ein?
Zwischen dem 9. und dem 15. Lebensjahr. Das ist von Mädchen zu Mädchen ganz verschieden.

Wie heißen die wichtigsten Geschlechtshormone der Frau?
Östrogen und Progesteron.

Warum bin ich jetzt mal gut, mal schlecht drauf?
Das liegt unter anderem daran, dass dein Körper jetzt Hormone bildet, die Mengen sich aber noch nicht eingependelt haben.

Was ist ein Eisprung?
So wird der Moment im Monatszyklus genannt, in dem die kleine Eizelle vom Eierstock in den Eileiter wandert.

Wozu ist die Gebärmutter da?
Ist eine Eizelle befruchtet worden, nistet sich das werdende Baby in diesem Organ bis zur Geburt ein.

Muss die Regel regelmäßig sein?
Nein, muss sie nicht. Jede Frau hat ihren persönlichen Zyklus!

// Was verändert sich in der Pubertät?

Wir kommen schon als geschlechtliche Wesen auf die Welt. Ein Mädchen als Mädchen, ein Junge als Junge. Doch anfangs ist uns das gar nicht so bewusst, wir haben kein Gefühl dafür. Wie der Mensch nicht von Geburt an laufen oder sprechen kann, entwickelt sich die Sexualität ganz allmählich. Das geht über mehrere Stufen, die ineinander überfließen. Jeder Mensch hat dabei sein eigenes Entwicklungstempo. Bei dem einen Kind beginnt eine Etappe früher, bei einem anderen später.

Für Kinder ist es lebenswichtig, von Vater und Mutter Aufmerksamkeit und Streicheleinheiten zu bekommen. Durch den zärtlichen Umgang lernt ein Kind, dass es einen Körper hat. Schon auf dem Wickeltisch begreift es seinen Körper und macht logischerweise vor seinen Geschlechtsteilen nicht halt. Ein kleines Mädchen erfährt seine Scheide, ein Junge sein Glied als normalen Teil seines Körpers wie Nase oder Ohren. Mädchen sind da sowieso meist im Nachteil: Dass ein Junge ein Junge ist, bleibt von Anfang an nicht verborgen, da Glied und Hoden von Geburt an sichtbar sind. Deshalb ist es für Jungen wohl leichter, sich mit ihrem Geschlecht zu identifizieren und sich gleich als »kleine Männer« zu fühlen. Viele Mädchen entwickeln meist erst in der Pubertät ein Gefühl für ihre Weiblichkeit, wenn sie einen Busen bekommen. Doch bis auf die Brust ist schon alles da: Scheide, Kitzler, Schamlippen und die Geschlechtsorgane im Inneren des Bauches.

Die Geschlechtsorgane selbst befinden sich in dieser Zeit noch in einer Art Ruhephase. Dennoch kommen Mädchen und Jungen schon mit allen Geschlechtsanlagen auf die Welt. Deine Geschlechtsorgane waren bei deiner Geburt schon richtig ausgebildet: die beiden Eierstöcke, zwei Eileiter, die Gebärmutter, die Scheide und der Kitzler. Sie befinden sich in deinem Unterleib unterhalb des Bauchnabels. In der Mitte liegt die Gebärmutter, die die Form einer winzigen, auf dem Kopf stehenden Birne hat. Oben am dicken Ende dieser Birne windet sich auf jeder Seite jeweils ein winziger Eileiter zum Eierstock hin.

Von der Gebärmutter aus führt die Scheide nach unten aus dem Körper hinaus. Der Scheideneingang ist – neben dem der Harnröhrenöffnung – eingebettet in die kleinen und die großen Schamlippen. Sie sehen aus wie ein kleiner Schiffsbug, der an der Scham endet. Ganz geschützt im vorderen Teil ist der Kitzler verborgen, das sexuell empfindsamste Organ der Frau. Dieses sind die Geschlechtsteile, die äußerlich zu sehen sind. Wenn du magst, schau sie dir einmal im Spiegel an.

Die Eierstöcke sind die eigentlichen Geschlechtsdrüsen. In ihnen reifen von der Pubertät an die kleinen Eizellen heran, aus denen später zusammen mit dem Samen eines Mannes ein Baby wachsen kann. Ein Mädchen kommt mit etwa 400 000 solcher Eianlagen auf die Welt. Von der Pubertät an reift in jedem Monatszyklus eine Eizelle heran.

Etwa vom siebten Lebensjahr an nehmen die Geschlechtsorgane ihre Arbeit auf. Es werden dann Hormone gebildet, die dafür verantwortlich sind, dass sich der Körper langsam verändert. Wodurch das ausgelöst wird, weiß man noch nicht so genau. Man nimmt an, dass der Teil des Gehirns, der die Hormonbildung steuert, den Geschlechtsorganen befiehlt, ihre Hormone zu bilden, sobald ein Kind ein bestimmtes Wachstumsstadium erreicht hat.

Hormone sind Stoffe, die der Körper in Drüsen bildet und mit denen er viele seiner Abläufe steuert. Zum Beispiel kontrolliert er damit das Wachstum, die Stimmung, die Fortpflanzung, die Sexualität oder bestimmte Krankheiten. Die Hormone, mit denen der Körper Sexualität und Fruchtbarkeit steuert, gehören zu den wichtigsten des Menschen. Sie sind gewissermaßen auch der Taktgeber für die Pubertät.

// Woran merke ich, dass ich in der Pubertät bin?

Zunächst einmal wirst du gar nichts bemerken, denn was zuerst passiert, spielt sich im Inneren deines Körpers ab: Die Geschlechtsreife beginnt in deinem Gehirn. Das Zwischenhirn, das dafür zuständig ist, veranlasst bei einer bestimmten Wachstumsreife die Hirnanhangdrüse, erstmals Hormone auszuschütten und diese über das Blut an deine Eierstöcke zu schicken. Die Eierstöcke bilden nun auch ein Hormon, das Östrogen. Es sorgt für die ersten spürbaren Veränderungen in deinem Körper.

Zunächst wirst du feststellen, dass die ersten Schamhärchen zu sprießen beginnen, deine Brustwarzen allmählich etwas hervorschauen und dass sich das Gewebe darunter allmählich aufpolstert. Die Brust ist nämlich das Organ, das noch vor allen anderen auf die Hormone reagiert. Bei den meisten Mädchen wird das etwa um das 11. Lebensjahr herum sichtbar. Dann dauert es noch etwa zwei Jahre, bis du mit deiner ersten Regel rechnen kannst. Sie macht sich meist schon eine Weile vorher mit einem leichten Ausfluss aus der Scheide bemerkbar. Er ist glasig-weißlich und überhaupt kein Grund zur Beunruhigung. Damit bereitet sich dein Körper darauf vor, dass du einmal Kinder bekommen kannst. Deine inneren Geschlechtsorgane werden nun größer. Auch an den Achseln sprießen feine Härchen.

Du wirst merken, dass deine Stimmung schneller schwankt als früher. Das liegt zu einem Teil an den Hormonen, die dein Körper nun vermehrt bildet. Du bist manchmal besonders gut gelaunt und voller Tatendrang, dann hast du wieder Tage, an denen du wahrscheinlich alles ganz sinnlos findest. Vielleicht beginnst du, dich in deinem Körper nicht mehr so richtig wohlzufühlen. Dein Gesicht bekommt andere Züge. Die Haut wird oft unrein, die Haare sind fettiger und hängen zunehmend lustlos und strähnig herunter.

Viele Heranwachsende fühlen sich in dieser Zeit irgendwie unharmonisch. Das ist ganz logisch zu erklären: In der Pubertät erlebt ein Mensch den auffälligsten Wachstumsschub. Die Hüften werden breiter, die Wirbelsäule schießt in die Höhe, Arme und Beine werden länger. Alles wächst jedoch unterschiedlich schnell. Deswegen zieht es manchmal in Knochen und Muskeln. Und du fühlst dich vielleicht ungelenk und staksig, bis die Körperform wieder einigermaßen ausgeglichen und erwachsen ist.

Jeder Mensch macht diese Entwicklung durch. Gerade wenn du dich jetzt oft allein fühlst, richtig durchhängst und dich ganz durcheinander fühlst, solltest du dich daran erinnern. Auch deine Großeltern, deine Eltern, deine älteren Geschwister und deine Lehrer haben diese Veränderungen durchgemacht.

// Wann kommt die erste Monatsblutung?

Die erste Regel wird von vielen Mädchen freudig erwartet. Die Blutung, die am Anfang des weiblichen Zyklus steht, ist schließlich das deutlichste Zeichen dafür, dass ein Mädchen nun eine Frau wird. Sie ist mit vielen körperlichen und psychischen Merkmalen verbunden, die das Frausein ausmachen.

Die erste Regel tritt etwa zwei bis drei Jahre nach dem Beginn der Hormonproduktion und zwei Jahre nach der Brustknospung auf. Das ist im Durchschnitt zwischen dem 9. und dem 15. Lebensjahr. Damit die Regel überhaupt eintreten kann, muss der Körper genügend Hormone gebildet haben, damit es den ersten richtigen Zyklus gibt. Dass sich dein Körper in den Startlöchern befindet, merkst du an einem leichten weißlichen Ausfluss aus deiner Scheide. Das ist ein gutes Zeichen, bei dem du dich schon seelisch auf deine erste Regel einstellen kannst. Wenn dich dieser Ausfluss stört, bittest du deine Mutter am besten um Slipeinlagen. Sie

fangen die Feuchtigkeit auf, ohne im Slip aufzutragen. Du solltest allerdings darauf achten, dass du luftdurchlässige Slipeinlagen benutzt. Eine Folie staut nur Wärme und Feuchtigkeit an deiner Scheide, was zu Entzündungen führen kann.

Wann deine erste Blutung nun wirklich kommt, lässt sich nicht genau vorhersagen. Das ist auch von Mädchen zu Mädchen verschieden. Ob sie früher eintritt oder langsamer oder schneller vorbeigeht, ist gleichermaßen normal. Selbst wenn bei einem Mädchen bis zum 15. Lebensjahr noch kein Anzeichen für die erste Blutung aufgetreten ist, muss das kein Anlass zur Beunruhigung sein. Jedes Mädchen hat dabei sein eigenes Tempo.

Du darfst dich dabei nicht zu sehr mit deinen Freundinnen oder Mitschülerinnen vergleichen. Tausche dich ruhig mit ihnen aus, aber nutze die Gleichaltrigen in deiner Umgebung nicht als einzige Informationsquelle, denn sie wissen wahrscheinlich nicht so viel mehr als du. Aber du kannst deine Mutter oder eine Person deines Vertrauens fragen, wie es bei ihr war.

Das Ergebnis ist bei »Frühentwicklern« genau das Gleiche wie bei »Spätentwicklern«: eine erwachsene Frau.

// Was bedeutet die erste Regel?

Die Blutung der Frau ist ein natürlicher Körpervorgang, der sich von der Pubertät bis zu den Wechseljahren in einigermaßen regelmäßigen Abständen wiederholt – also etwa 35 bis 40 Jahre lang. Sie ist das äußere Zeichen für den Monatszyklus, an dessen Beginn sie auftritt. Mit dem Zyklus, der von Hormonen gesteuert wird, bereitet sich der Körper der Frau praktisch jeden Monat auf eine mögliche Schwangerschaft vor.

Beim Zyklus dreht sich alles um die kleine Eizelle, die in der ersten Zyklushälfte im Eierstock heranreift. Sobald sie

ausgewachsen ist, wandert sie vom Eierstock in den Eileiter. Das nennt man »Eisprung«. Schon im Eileiter kann die Befruchtung mit dem Samen eines Mannes stattfinden. Ist es zu einer Schwangerschaft gekommen, nistet sich die befruchtete Eizelle in der Gebärmutter ein. Ist die Eizelle nicht befruchtet worden, löst sie sich auf und es kommt zur Blutung.

Im Einzelnen passiert dabei Folgendes: Der Zyklus beginnt gewissermaßen im Kopf. Die Steuerzentrale im Gehirn sorgt dafür, dass über das Blut ein Hormon an die Eierstöcke abgegeben wird. Es heißt FSH oder genauer: Follikelstimulierendes Hormon. Die Eierstöcke verfügen über bestimmte Empfangsstellen, mit denen sie das FSH aus dem Blut abfangen können. Es regt die schon von der Geburt an im Eierstock vorhandenen Eianlagen – sie werden in der Medizin Follikel genannt – zur Reifung an. Der Körper erkennt die reife Eizelle durch einen Rückkopplungsprozess. Die in den Follikeln produzierten Östrogene hemmen die Ausschüttung des FSH, wodurch das Follikelwachstum verhindert wird. Die nicht fertig ausgebildeten Follikel sterben ab, und somit bleibt nur der eine voll entwickelte Follikel übrig. Er gibt später die Eizelle an den Eileiter ab. Welcher Eierstock die Eizelle abgibt, geschieht zufällig, da es keine Links- oder Rechtskoordination gibt.

Östrogen wird in der Hülle, die das Ei umgibt, gebildet. Es ist das wichtigste weibliche Geschlechtshormon und hat eine ganze Reihe von Aufgaben. Es ist unter anderem für den Aufbau der Schleimhaut in der Gebärmutter zuständig. Das ist die innerste Hautschicht, die diesen Hohlmuskel auskleidet. Sie wird im Laufe eines Zyklus immer dicker, denn sie soll im Falle einer Schwangerschaft die befruchtete Eizelle aufnehmen.

Ist die Eizelle ausgewachsen, werden im Eierstock große Mengen Östrogen gebildet. Über die Blutbahn gelangen sie auch zur Hormonsteuerzentrale im Gehirn. Das hält noch ein weiteres Hormon parat, das es nun auf den Weg »nach

unten« schickt. Das Luteinisierende Hormon – kurz LH genannt – löst den Eisprung aus. Dabei wird die Eizelle mit etwas Gewebsflüssigkeit in den Eileiter gespült. Das ist eine ganz besondere Leistung des weiblichen Körpers, denn zwischen Eierstock und Eileiter besteht gar keine Verbindung. Der Eileiter hat eine trichterförmige Öffnung, die sich zum Zeitpunkt des Eisprungs etwas weiter öffnet und sich über den bohnenförmigen Eierstock stülpt, um das Ei aufzunehmen, das dort herauskommt.

Die Reise der Eizelle durch den Eileiter in die Gebärmutter dauert etwa vier Tage. Auf diesem Weg kann sie von einer Samenzelle befruchtet werden. Während die Eizelle wandert, beginnt die Eihülle, die im Eierstock zurückgeblieben ist, ein weiteres Hormon zu bilden. Das ist das Progesteron. Es wird wegen der gelben Farbe der Eihülle auch Gelbkörperhormon genannt. Es hat ebenfalls eine Vielzahl von Aufgaben zu erledigen: Es verhindert, dass sich die Gebärmutter zusammenzieht und ein möglicherweise befruchtetes Ei ausstößt. Dadurch kommt es zu keinen vorzeitigen Wehen. Außerdem sorgt es dafür, dass die Gebärmutter gut durchblutet und mit Nährstoffen versorgt wird, damit sie für die Ernährung eines werdenden Lebens gerüstet ist.

Kommt es zu keiner Schwangerschaft – was ja über die vielen fruchtbaren Jahre hinweg häufiger der Fall ist als eine Schwangerschaft, bremst das Progesteron den Aufbau der Gebärmutterschleimhaut. Die kleine »Eitasche« bildet sich zurück und stellt auch die Ausschüttung des Progesterons ein. Der Zyklus neigt sich dem Ende. Innerhalb der nächsten zehn bis vierzehn Tage nach dem Eisprung kommt es dann zur Blutung: Die Gebärmutter befreit sich damit von der inneren Schleimhautschicht, in der sich ja eigentlich eine befruchtete Eizelle für die Zeit der Schwangerschaft einrichten sollte.

Die Schleimhautschicht beginnt aufzubrechen und in kleinen Mengen abzubluten. Die Menstruationsflüssigkeit besteht also keineswegs nur aus Blut, sondern zur Hälfte aus

Schleim und Schleimhautstückchen. Deshalb ist sie auch meist nicht blutrot, sondern eher etwas bräunlich. Etwa 40 Milliliter Menstruationsflüssigkeit werden bei einer Blutung ausgeschieden, es können aber auch 60 bis 80 Milliliter sein. Das entspricht etwa der Hälfte eines Wasserglases, ist also gar nicht so viel, wie es einem manchmal vorkommt. Die verlorene Blutmenge wird vom Körper rasch ersetzt.

Nach statistischen Erhebungen dauert eine Blutung durchschnittlich vier bis sechs Tage. Bei manchen Mädchen und Frauen dauert sie länger, bei anderen ist sie kürzer. Der erste Tag der Blutung ist gleichzeitig auch der erste Tag des neuen Zyklus. Die Blutung ist zu Ende, wenn sich die Gebärmutter völlig von ihrer inneren Auskleidung getrennt hat. Der Eierstock beginnt nun, erneut Östrogen zu bilden.

// Die Regel – eine regelmäßige Sache?

Die Blutung wird auch »Regel« oder »Periode« genannt, weil sie bei erwachsenen Frauen einen ziemlich regelmäßigen Rhythmus findet. Der Rhythmus wird davon bestimmt, ob und wann es zu Eisprüngen kommt. Bei den meisten Frauen tritt alle 28 bis 32 Tage eine Blutung auf. Das ist jedoch nur eine statistische Durchschnittsgröße, die dich nicht irritieren sollte.

Nur eine von hundert Frauen hat eine Blutung, die tatsächlich alle 28 Tage kommt. Bei allen anderen ist der Zyklus länger oder kürzer. Jede Frau entwickelt ihren eigenen Rhythmus. Der Abstand zwischen den einzelnen Blutungen ist von Frau zu Frau verschieden. Er kann aber auch bei der einzelnen Frau von Mal zu Mal verschieden sein. Das hängt nämlich unter anderem davon ab, wie sie sich gerade fühlt. So wird es auch bei dir sein. Mit zunehmender Erfahrung lernst du, deine Menstruation einzuschätzen, und du spürst, wie dein Wohlbefinden mit ihr zusammenhängt.

Bei den meisten Mädchen findet nach der ersten Menstruation – wie die Blutung in der Medizin heißt – nur unregelmäßig ein Eisprung statt. Deshalb schwanken die Zeiten zwischen den einzelnen Blutungen noch sehr stark. Je länger es dauert, desto stärker kann die Blutung sein. Denn dann wurde in der Gebärmutter mehr Schleimhaut aufgebaut, die nun abgeblutet werden muss. Es dauert eine ganze Weile, bis sich der persönliche Rhythmus eingependelt hat. Meist ist dies nach ein bis zwei Jahren so. Wenn dein Zyklus also mal länger oder mal kürzer dauert und deine Blutung mal stärker, mal schwächer ist, hat das durchaus seine Regel!

Sinnvoll ist es, eine Weile einen Zykluskalender zu führen. Dabei kannst du deinem eigenen Rhythmus am besten auf die Spur kommen. Notiere dir auch, wie es dir sonst so geht, etwa ob du krank bist, auf Reisen, verliebt oder unter besonderem Stress. Du wirst dann wahrscheinlich feststellen, dass deine Stimmung und die Situation, in der du dich gerade befindest, auch Länge und Verlauf deines Zyklus beeinflussen können.

// Gehören Schmerzen und Unwohlsein bei der Blutung dazu?

Während der Blutung ziehen sich die Muskeln der Gebärmutter zusammen, um sich leichter von der obersten Schleimhautschicht trennen zu können, die im Laufe des Zyklus aufgebaut wurde. Das kann vor allem am ersten Tag der Blutung wehtun. Es macht sich meist durch ein Ziehen und Krampfen im Unterleib bemerkbar.

Viele Frauen suchen während der Zeit ihrer Blutung die Wärme: Eine warme Dusche oder eine Wärmflasche auf dem Bauch tun bei Unterleibsschmerzen besonders gut. Eine leichte Bauchmassage und spezielle Kräuterteemischungen können Wunder wirken. Wer stark unter Schmerzen leidet, kann auch zu einem leichten Schmerzmittel greifen. An der Entstehung des Schmerzes ist ein Hormon beteiligt, das Prostaglandin. Es wird unter anderem in der Gebärmutter gebildet, wo es das rhythmische, manchmal kräftige Zusammenziehen der Gebärmutter verursacht. Der bekannte Wirkstoff Acetylsalicylsäure (ASS) beispielsweise hemmt direkt die Bildung von Prostaglandin und lässt die Schmerzen gar nicht erst entstehen. Viele Schmerzmittel für Menstruationsbeschwerden enthalten auch den Wirkstoff Ibuprofen. Du kannst einfach testen, welches Mittel dir besser bekommt.

Nicht selten sind starke Schmerzen während der Regel auch auf seelische Verspannungen und auf Stress zurückzuführen. Da hilft alles, was der Entspannung dient: ein Ruhestündchen auf dem Sofa, ein Mittagsschlaf mit einer Wärmflasche, Entspannungsmethoden wie Yoga oder autogenes Training, Sport oder Gespräche mit anderen Mädchen und Frauen, denen es ähnlich ergeht.

Wer gerade eine starke Blutung hat, sollte allerdings auf warme Bäder und Sauna besser verzichten. Die heftige Wärme verstärkt nämlich die Blutung. Allerdings dauert sie dann weniger lange, weil in kürzerer Zeit mehr Blut ausgeschieden wird. Die Blutmenge selbst verändert sich dadurch nicht. Manche Frauen haben übrigens gute Erfahrungen mit Kälte gemacht. Bei ihnen lässt das unangenehme Ziehen nach, wenn sie sich etwas Kaltes – eine kalte Wärmflasche oder einen Eisbeutel – auf den Bauch legen. Teste einfach aus, was dir am besten hilft!

// Sind Frauen während der Regel wirklich launischer als sonst?

Hat eine Frau schlechte Laune, wird oftmals unterstellt, sie habe wohl ihre Tage und leide unter dem sogenannten PMS (Prämenstruellen Syndrom). Obwohl viele Frauen von sich

selber sagen, dass sie unter dem PMS leiden, ist medizinisch gar nicht geklärt, ob es dieses Syndrom überhaupt gibt. Sicher ist, dass der Hormonhaushalt, der sich während des Zyklus verändert, durchaus mit der Stimmung zu tun hat, jedoch Stress und gesundheitliche Probleme einen sehr viel größeren Einfluss auf die Laune ausüben. Fakt ist auch, dass sich vor der Blutung mehr Wasser im Körper der Frau einlagert und sich dadurch die Durchblutung verschlechtert.

Falls du dich also in diesen Tagen unwohl fühlst, du Bauchschmerzen hast oder schlecht gelaunt bist, versuche ein paar sanftere Sportarten an der frischen Luft, wie Radfahren, Joggen oder einfach Spazierengehen. Alles, was deine Durchblutung anregt, lindert die Krämpfe in der Gebärmutter und vertreibt zusätzlich depressive Stimmungen. Auch kannst du versuchen, ob dir der Verzehr von Bananen, Feigen oder Datteln hilft. Sie enthalten eine relativ hohe Menge der Aminosäure Tryptophan, aus der im Gehirn Serotonin gebildet wird. Dieser hormonähnliche Botenstoff beeinflusst nachweislich die Laune. Andere Möglichkeiten sind Massagen oder leichte Yogaübungen. Wenn dir allerdings überhaupt nicht nach all dem ist, kannst du dich auch einfach auf die Couch legen und dich entspannen, Musik hören oder Filme schauen, um dich abzulenken. Finde selbst heraus, was dir am besten hilft, und gönn dir die zwei, drei Tage Auszeit im Monat.

// Bekommt meine Brust die richtige Form?

Die Brust beginnt in der Pubertät zu wachsen, weil sich unter den Brustwarzen die Milchdrüsen entwickeln. In ihnen kann sich später die Milch für ein Baby bilden. Erst wird deine Brust wahrscheinlich kleine Spitzen bekommen, bevor sie sich sanft rundet. Der Weg von der Brustknospe bis zur »erwachsenen« Brust dauert mehrere Jahre. Erst wenn du 16 bis

18 Jahre alt bist, ist deine Brust ausgewachsen. Aber genau genommen verändern sich die Brüste einer Frau das ganze Leben lang – etwa durch eine Schwangerschaft oder im Laufe des Zyklus.

Wahrscheinlich entwickelt sich die eine Brust stärker als die andere. Bei den meisten erwachsenen Frauen ist eine Brust nämlich eine Spur größer als die andere – so ähnlich wie fast alle Menschen zwei unterschiedlich große Füße haben und auch nicht beide Hände völlig identisch sind.

Das Brustwachstum kann mit Druckgefühlen, Spannungen und Jucken verbunden sein. Wenn es zu arg wird, kannst du ein Bustier anziehen und etwas Watte vor die Brustwarzen legen. Für nachts solltest du ein weiches Nachthemd haben, das nicht scheuert. Das hilft meist schon, die berührungsempfindlichen Brustspitzen zu schützen. Wenn die Brust voller wird, möchtest du wahrscheinlich gerne einen BH tragen. Zum einen kann das sehr schick und sehr sexy sein. Andererseits nimmt ein BH den Bändern, die die Brust halten, einen Teil des Gewichts ab. Beim Sport und beim Laufen ist ein BH auf alle Fälle sinnvoll.

Viele Mädchen machen sich Sorgen wegen ihrer Brust. Sie glauben, sie sei zu klein, zu groß, zu weit nach oben oder nach unten geraten oder habe zu dunkle Brustwarzen. Dass Frauen da so empfindlich sind, liegt daran, dass die Brust einer Frau gewissermaßen von öffentlichem Interesse ist. In fast allen Zeitschriften blitzen uns blanke Brüste entgegen, die meist Models mit einer Einheitsgröße und -form gehören. Dadurch wird der Eindruck erweckt, als gäbe es so etwas wie eine Idealform und als sei nur diese schön. Das darf dich nicht irritieren, denn diese Models werden gezielt danach ausgesucht bzw. haben sich operieren lassen, um diesem Bild zu entsprechen.

Jede Frau bekommt ihre ganz individuelle Brust, die sich nach keinem Modeschema richtet. Sie ist etwas so Persönliches wie die Augenfarbe oder der Fingerabdruck. Welche

Brustform du bekommst, hängt in erster Linie davon ab, was deine Eltern dir mit ihren Erbanteilen mit auf den Lebensweg gegeben haben. Sie ist oft bei Frauen aus einer Familie ähnlich. Die Milchdrüsen sind bei allen Frauen ungefähr gleich groß. Das Gewebe, das sich zwischen den einzelnen Drüsen bildet, bestimmt die Form der Brust. Sie ist nur schwer zu beeinflussen, wird durch Hungerkuren nicht allzu viel kleiner, durch Massage, Gymnastik oder viel Essen nicht wesentlich größer.

Die Brüste der Frau sind bei der Sexualität ganz wichtig, weil in ihnen besonders zarte Nerven enden. Werden sie berührt oder gestreichelt, kann das sexuelle Lust auslösen oder verstärken. Und das ist völlig unabhängig von der Form deiner Brust.

// Was ist bei Jungen in der Pubertät anders?

Jungen kommen etwa anderthalb Jahre später in die Pubertät als Mädchen. Auch bei ihnen wird dieser Entwicklungsschritt durch Hormone ausgelöst. Mit etwa elf bis zwölf Jahren bemerkt ein Junge, dass seine Hoden größer geworden sind. Ungefähr ein Jahr später beginnt das Glied zu wachsen. Allmählich verändert sich auch seine Stimme: Durch den Stimmbruch wandelt sich die kindlich hohe Stimme meist zu einer tieferen, raueren.

Sexualität und Fruchtbarkeit werden wie bei der Frau vom Gehirn gesteuert. Es sendet Hormone an die Hoden, die daraufhin selbst Hormone ausschütten. Das wichtigste männliche Hormon heißt Testosteron. Unter seinem Einfluss reifen in der Pubertät die Geschlechtsorgane, es wachsen Bart, Achsel-, Brust- und Schamhaare, und die Stimme wird tiefer. Das Testosteron ist ebenfalls für die typisch männliche Körperform mit den breiten Schultern, den schmalen Hüften und den kräftigen Muskeln zuständig. Zudem regt es die Talgproduktion in der Haut an, was zu Pickeln und Akne führen kann.

Wie bei Mädchen sind bei Jungen die Geschlechtsorgane bereits bei der Geburt vorhanden. Sie bestehen aus dem Glied, den Hoden und den Nebenhoden, die sichtbar außerhalb des Körpers liegen, dem Samenleiter, den Samenblasen, der Vorsteherdrüse und verschiedenen anderen Drüsen. Das Glied besteht unter anderem aus Schwellkörpern, die sich bei sexueller Erregung verstärkt mit Blut füllen. Dadurch richtet sich das normalerweise weiche und kleine Glied auf, wird härter und größer. So hat die Natur sichergestellt, dass das Glied in die Scheide der Frau eingeführt werden kann.

Die Vorhaut ist die Reservefalte für die Verlängerung des Gliedes bei der Versteifung. Sie wird auf einer Seite durch ein feines Bändchen gehalten. Das verdickte vordere Ende des Gliedes wird Eichel genannt. Sie ist das sexuell empfindsamste Körperteil des Mannes und liegt darum auch gut geschützt unter der Vorhaut. Im Glied sitzt ebenfalls die Harnröhre. Durch sie fließen sowohl Urin als auch Samenflüssigkeit. Ein raffinierter Verschlussmechanismus verhindert, dass beide gleichzeitig den Körper verlassen.

Die beiden eiförmigen Hoden hängen im Hodensack zwischen den Beinen herunter. Sie werden von feinen Nerven und Blutgefäßen durchzogen und sind sehr empfindlich. Auf zarte Berührung reagieren sie sehr sensibel. Die Hoden liegen außerhalb des Körpers, weil für die Samenbildung, die in ihnen stattfindet, eine niedrigere Temperatur nötig ist als jene, die im Körperinneren herrscht. In den Hoden winden sich die zu einem Knäuel gewickelten Samenkanälchen. In diesen Gängen wird von der Pubertät an der Samen gebildet. Dazu ist das schon erwähnte Testosteron notwendig. Mit dem ersten ausgereiften Samen kann ein Junge zum Vater werden. An den Samenleitern sitzen viele kleine Bläschendrüsen, in denen die Hauptmenge der Samenflüssigkeit produziert wird. Sie wird auch Sperma genannt. Jeder Bestandteil hat eine

wichtige Aufgabe zu erfüllen. Zum Beispiel steuern sie die Beweglichkeit der Samenfädchen.

Die Bildung der Samen ist ohnehin ein sehr komplizierter Vorgang, der leicht gestört werden kann, zum Beispiel durch Stress, Nikotin oder Umweltgifte. Etwa 64 Tage – also mehr als zwei Monate – dauert es, bis so ein Samenfädchen fertig und einsatzfähig ist.

Jungen haben in ihrer Entwicklungsphase andere Probleme als Mädchen. Beispielsweise machen manchen von ihnen sexuelle Gefühle sehr zu schaffen. Sie werden meist ganz plötzlich damit konfrontiert. Durch die beginnende Hormonproduktion kommt es immer wieder zu Gliedversteifungen, oft auch in völlig unvorhersehbaren Momenten. Viele Jungen wachen morgens plötzlich mit einem steifen Glied auf. Manchmal entsteht eine solche Erektion allein durch die Reibung der Hose. Das kann bisweilen sehr schmerzhaft und unangenehm sein.

Wenn sich im Hoden viele Samen aufgestaut haben, entlädt der Körper sich in diesem Alter durch einen nächtlichen Samenerguss. Diese »feuchten Träume« sind wohl auch der Grund, warum Jungen schneller als Mädchen die Selbstbefriedigung entdecken. Sie verschafft ihnen auf angenehme Weise Erleichterung, wenn der Druck zu groß wird. Schon in der Pubertät beginnen Jungen meist miteinander zu konkurrieren und sich zu vergleichen. Die größte – körperliche – Sorge von Jungen scheint es zu sein, dass ihr Glied nicht groß genug werden könnte. Das liegt an dem Vorurteil vieler Menschen, bei denen ein großes Glied als besonders männlich gilt.

Größenunterschiede macht die Natur jedoch wieder wett: Das steife Glied ist bei den meisten Männern etwa zwölf bis fünfzehn Zentimeter lang – egal, wie groß oder klein es sonst ist. Die Länge der weiblichen Scheide entspricht dem in etwa.

Ist die erste Liebe gleich die große Liebe?
Das fühlt sich zwar meist so an, ist es aber eher selten.

Tut Liebe weh?
Es kann tatsächlich sein, dass einem alles vor Sehnsucht wehtut, wenn man jemanden sehr, sehr lieb hat!

Wann soll man sich zum ersten Mal richtig verlieben?
Dafür gibt es keine Regel, und es lässt sich nicht erzwingen.

Wie schnell kann man sich verlieben?
In Bruchteilen von Sekunden, als wenn ein Blitz einschlägt!

**Ist es normal, in mehrere Jungs auf einmal verknallt zu
sein?**
In der Pubertät völlig!

Hört Liebeskummer tatsächlich irgendwann auf?
Auch wenn es mittendrin unvorstellbar ist: Ja!

Wie mache ich am besten Schluss mit jemandem?
Stell dir vor, du wärst an seiner Stelle.

**Warum spricht mein Freund so wenig über seine Gefüh-
le zu mir?**
Manche Menschen können nicht so gut über
ihre Gefühle reden, aber wahrscheinlich zeigt
er sie dir auf eine andere Weise.

// Was ist Liebe überhaupt?

Zu erklären, was Liebe ist und was sie von anderen Gefühlen unterscheidet, ist fast unmöglich. Der Autor Benjamin Lebert hat es auf diese Formel gebracht: »Liebe ist eine Art Krankheit und Heilung in einem.«

Fest steht: Liebe ist eine reine Gefühlssache und hat mit dem Verstand nichts zu tun. Liebe ist einfach da, man kann sie nicht herbeidenken oder erzwingen. Sie kommt und geht, wie sie will.

Es gibt viele unterschiedliche Arten von Liebe. Für jeden Menschen bedeutet sie etwas anderes. Eltern lieben ihre Kinder, Kinder lieben ihre Eltern, Geschwister lieben einander – selbst wenn sie das manchmal nicht zugeben würden –, Kinder lieben ihre Großeltern, ihre Tiere, ihr Spielzeug, Freundinnen und Freunde lieben einander. Liebe steht für ein warmes Gefühl und für den festen Willen, sich für den geliebten Menschen einzusetzen und mit ihm auf Gedeih und Verderb alles durchstehen zu wollen. Wenn man so liebt und geliebt wird, fühlt man sich geborgen, ist zufrieden und glücklich.

Von der Pubertät an gewinnt die Liebe noch eine andere Seite: Es ist jetzt damit auch Verliebtsein gemeint, aus dem Liebe entstehen kann, eine Art Urknall der Liebe – ein ganz besonderer, beglückender Ausnahmezustand, der an den drängenden Wunsch gekoppelt ist, dass nun alle Träume wirklich in Erfüllung gehen. Diese Liebe entfacht sich zwischen Frau und Mann, zwischen Mädchen und Jungen, aber auch zwischen Mädchen und Mädchen, Jungen und Jungen. Neu und entscheidend an dieser Liebe ist, dass die Sexualität eine große Rolle spielt. Auch wenn ein Paar noch nicht gleich miteinander schlafen möchte, schwingt jetzt doch etwas ganz Besonderes zwischen den beiden.

Die erste Erfahrung mit solchen Liebesgefühlen ist meist die Schwärmerei. Du selbst beginnst vielleicht für eine Person zu schwärmen, die du gar nicht persönlich oder nur vom Sehen her kennst, einen Filmstar etwa, einen Lehrer, den Bruder einer Freundin oder einen Jungen aus einer höheren Klasse. Du kannst Stunden damit zubringen, dir auszumalen, wie es sein könnte, mit diesem Jungen oder Mann wirklich zusammen zu sein. Du fantasierst dich in Situationen, in denen er dir zu Füßen liegt oder dich auf Händen trägt, er betet dich an, weil du so schön und klug bist. Vielleicht träumst du auch davon, dass du ein berühmtes Model bist und er deshalb auf dich fliegt. Du träumst davon, wie ihr euch küsst, vielleicht sogar miteinander schlaft. Das ist gewissermaßen das Üben für den Ernstfall. Auch später noch, wenn du in jemanden frisch verliebt bist, wirst du dir insgeheim solche inneren Filme zusammenträumen. Das kann sehr schön sein.

Wenn sich zwei Menschen richtig ineinander verlieben, dann stehen sie häufig vor lauter »Schmetterlingen im Bauch« völlig neben sich. Sie sind vollkommen voneinander verzaubert. Jede noch so winzige Berührung wird zu einer totalen Erschütterung. Sie gehen völlig ineinander auf und finden sich gegenseitig einzigartig.

Doch auch bei jungen Paaren kehrt irgendwann der Alltag ein. Das kann der Startschuss für die große Liebe sein. Aber auch der Anfang vom Ende. In der Pubertät ist meist Letzteres der Fall. Und das ist gut so, denn Heranwachsende müssen ja erst einmal Erfahrungen sammeln. Lieben will gelernt sein. Deswegen kann es sein, dass du in zwei oder sogar mehrere Leute gleichzeitig verknallt bist. Aber nicht aus jedem Verliebtsein wird etwas. Bei näherem Hinsehen sind die Menschen, die sehr gut zu einem passen, nicht so reichlich gesät. Aus manchen Verliebtheiten werden sich aber vielleicht echte Freundschaften entwickeln.

Nicht selten ist in solchen Beziehungen einer verliebter als der andere. Es tut weh, wenn die eigene Liebe nicht im gleichen Maße erwidert wird. Das gilt übrigens natürlich ebenso für einen Jungen, der in dich verliebter ist als du in ihn. Es ist wichtig, dass du es dir von Anfang an zur Regel machst, nicht mit der Liebe eines Jungen zu spielen und seine Gefühle nicht zu verletzen. Auch dann nicht, wenn du selbst mal von jemandem schlecht behandelt wurdest und dich vielleicht deswegen am männlichen Geschlecht rächen möchtest. Sei immer so ehrlich wie möglich, und versuche, keine Spielchen mit ihm zu spielen. Auf lange Sicht zahlt sich so ein Verhalten für dich selbst aus.

// Warum gerade der?

Schon in der Kindheit hast du dich bestimmt für den einen oder anderen Jungen – vielleicht aus deiner Klasse – interessiert. Manche Jungen und Mädchen gehen schon in der Grundschule miteinander, weil sie sich so gerne mögen. Das ist schon so etwas wie ein kleines Verliebtsein. Wann du dich aber zum ersten Mal richtig verliebst, lässt sich nicht vorhersagen. Dafür gibt es keine Regeln. Bei den einen dauert es länger, manchmal auch, weil niemand da ist, in den man sich verlieben könnte. Bei den anderen geht es schneller.

Irgendwann passiert es aber bei jedem: Die erste Begegnung, erster Blick, zweiter Blick, Verwirrung, Kontaktaufnahme, das erste warme Prickeln im Bauch, und schon bebt die Erde. Oft ist innerhalb weniger Minuten alles gelaufen: verknallt, verschossen, verliebt, für die Welt erst mal verloren. Es kann aber auch anders sein: Du siehst einen bekannten, ja vertrauten Menschen plötzlich in einer anderen Situation, in einem neuen Licht, lernst eine überraschende Eigenschaft an ihm kennen oder entdeckst vielleicht, dass er besonders schöne Hände hat oder etwas anderes, was du so noch nie wahrgenommen hast. Und plötzlich knallt bei dir eine kleine Sicherung durch und du bist von jetzt auf gleich ohne Vorwarnung verliebt.

Was sich im Körper abspielt, beschäftigt sogar die Wissenschaftler. Sie haben herausgefunden, dass dafür ein Hormonfeuerwerk im Kopf verantwortlich ist. Das Liebeshormon (Oxytocin genannt) kann offenbar Gefühle der Liebe, der Lust, der Leidenschaft und der Zärtlichkeit auslösen. Wodurch die Ausschüttung in Gang gesetzt wird, ist noch unklar. Auf wen das Gefühl gerichtet ist, kontrolliert dieses Liebeshormon allerdings nicht. Das hängt von ganz anderen Dingen ab. Du könntest also niemanden in dich verliebt machen, indem du ihm eine Hormonpille ins Glas schmuggelst. Genauso hoffnungslos wäre es, wenn man sich selbst damit zu innigeren Gefühlen überlisten wollte. Außerdem spielen offenbar auch noch jede Menge anderer Hormone eine Rolle, auf alle Fälle die Geschlechtshormone.

Weshalb du also beim Anblick des netten blauäugigen Jungen von nebenan oder des braunen Lockenkopfes aus der Musikgruppe weiche Knie und Herzklopfen bekommst, bleibt damit ein Rätsel. Wahrscheinlich gibt es eine Art inneres Suchbild, das sich im Laufe des Lebens herausbildet und sich natürlich auch immer wieder verändern kann. Das hängt wohl von deiner Erziehung, deinen Erfahrungen, deinen Erinnerungen, deinen Ansichten und Vorurteilen, aber auch dem Körpergeruch deines Gegenübers, seiner Stimme, den Blicken, dem Aussehen, vielleicht sogar von seiner Kleidung und vom jeweiligen Zeitpunkt ab. Die meisten Menschen suchen einen Partner, der ihnen in gewisser Weise ähnlich ist, einen Wesensverwandten. Andere werden von exotischen Menschen angeregt, die total anders sind als sie selbst. Daher rühren die Sprichwörter »Gleich und gleich gesellt sich gern« und »Gegensätze ziehen sich an«. Dieser Mix ändert sich von Mal zu Mal, wohl auch durch die Erfahrungen, die man macht, und die Art, wie man sie verarbeitet.

Im wirklichen Leben und in der wirklichen Liebe sind einem solche Theorien ohnehin ganz egal. Selbst wenn wir irgendwann ganz genau wissen, was sich in unserem Körper abspielt, tun die Gefühle doch, was sie wollen: Wir verlieben uns einfach, in wen wir uns verlieben müssen. Erzwingen lässt sich dieser Funke nicht. Jedes Mal wieder ist es eine ganz eigene geheimnisvolle Geschichte, aus der sich am Anfang noch nicht ablesen lässt, wie sie am Ende ausgehen wird.

// Wie komme ich darüber hinweg, dass er mich verlassen hat?

»Das erste Mal tat's noch weh, beim zweiten Mal nicht mehr so sehr, und heut weiß ich, daran stirbt man nicht mehr« – heißt es in einem bekannten Schlager. Die meisten Lieder, ob alt oder neu, handeln von Liebe, Leid und von gebrochenen Herzen. Zu allen Zeiten haben Sänger und Sängerinnen, Dichter und Dichterinnen, Maler und Malerinnen mehr oder weniger erfolgreich versucht, mit einem Gefühl fertig zu werden, das einen immer wieder und mit unverminderter Wucht treffen kann. Offensichtlich bleibt niemand davon verschont, egal, ob Jung oder Alt, Arm oder Reich: Kummer um eine verflossene oder nicht erfüllte Liebe kann einen Menschen stark erschüttern. Manchmal sogar in seinen Lebensgrundsätzen. Es erscheint einem, als sei dies das Ende der gesamten Welt. Erstaunt ist man immer wieder, dass psychische Schmerzen einem fast körperlich wehtun können. Das geht Erwachsenen genauso.

In welcher Form es einen erwischt, lässt sich nicht vorhersagen. Manchmal ist es leichter zu ertragen, manchmal schwerer. Manche Menschen können besser damit umgehen, andere sind schwermütiger. Du selbst machst vielleicht auch von einem zum anderen Mal unterschiedliche Erfahrungen mit dir: Einmal tut es dir gar nicht so weh, beim nächsten Auseinandergehen hast du dann das Gefühl, als stürzest du aus dem siebten Himmel in ein schwarzes Loch; wenn du von einem geliebten Menschen verlassen wirst. Du kannst dir nicht vorstellen, wie dein Leben ohne ihn weitergehen soll.

Besonders groß ist die Kränkung, wenn du wegen einer anderen verlassen wurdest. Je nachdem, wie intensiv das Liebesgefühl war und wie die Menschen persönlich gestrickt sind, haben manche in solchen Momenten auch Selbstmordgedanken. Sie kommen oft ohne fremde Hilfe nicht darüber hinweg. Für Jugendliche gibt es dafür spezielle Beratungsstellen (Adressen dazu findest du ab Seite 159).

Im Normalfall aber werden der Schmerz und die Trauer um die verlorene Liebe irgendwann vorbei sein. Dennoch müssen die meisten nach dem Schock erst einmal mit einem Wirrwarr von Hass und Wut, Verzweiflung, Angst und Selbstzweifel umgehen. Die Symptome des Liebeskummers sind fast immer die gleichen: Man kann nicht mehr schlafen, nicht mehr essen, sich auf nichts konzentrieren und fühlt sich wie zerbrochen. Alles ist irgendwie leer.

Wenn du in diese Situation kommst, ist es gut, wenn du jemanden hast – eine Freundin, eine Schwester oder deine Mutter –, bei dem du dich richtig ausweinen kannst. Du brauchst dich nicht zusammenzureißen. Weinen ist sehr gesund und in solchen Fällen ganz besonders. Tränen lösen den aufgestauten Druck und helfen dir, das seelische Gleichgewicht wiederzufinden. Das gilt auch für andere Gefühlsprobleme, zum Beispiel bei Ärger in der Schule: Wer jede Tränenaufwallung unterdrückt und sich niemals auch nur ein bisschen gehen lässt, läuft Gefahr, krank zu werden. Tränen sind ein hochkomplizierter Cocktail aus vielen verschiedenen Zutaten: Sauerstoff, jede Menge Mineralien, Vitamine, Enzyme und ganz viele verschiedene Arten von Eiweiß. Je nachdem, wodurch die Tränen ausgelöst wurden, ist die Mixtur anders. Mit dem Weinen befreit sich der Körper zugleich von schädlichen Stoffen, die bei Stress und Kummer im Körper gebildet werden. Also: Ohne falsche Scham heraus damit! Die wegen einer unglücklichen Liebe vergossenen Tränen füllen ein ganzes Meer, und deine dürfen ruhig mit hineinfließen.

Versuche nicht zu verleugnen, dass du verlassen wurdest. Das ist unrealistisch und verlängert deine Leidenszeit nur. Meist war die Beziehung wirklich nicht das Richtige oder hatte schon länger einen Knacks. Und immer sind beide am Ende beteiligt, auch wenn man das vielleicht nicht immer wahrhaben möchte. Selbsterkenntnis befreit von Ballast – allerdings nur langsam und unter Schmerzen. Aber: Sie macht den Weg frei für die nächste Liebe. Und mit der wird ganz bestimmt alles anders!

// Wie werde ich mit meiner Eifersucht fertig?

Niemand, der liebt, ist vor Eifersucht gefeit. Und auch vor Untreue nicht. Wer sich von seinem Partner betrogen sieht, reagiert fast immer eifersüchtig. Also gibt es wohl kaum jemanden, der in seinem Leben davon verschont bleibt. Eifersucht kann wie ein Fieber sein, ständig laufen im Kopf dieselben Bilder ab: Man sieht ihn, wie er mit der anderen herummacht, sie liebt, mit ihr viel netter, lieber und fröhlicher ist, mit ihr Dinge tut, die er mit einem selbst noch nie getan hat. Mal ganz davon abgesehen, ob das wirklich stimmt, man wird diese Vorstellungen einfach nicht los. Diese Bilder treiben einen zu Hass, Wut, Angst, Neid und Selbstzweifel.

Diese dunkle Seite der Liebe entspringt dem Gefühl, dass uns etwas weggenommen wird und dass jemand, den wir lieben, uns mit einer anderen Person vergleicht und wir dabei schlechter abschneiden. Sie entspringt der Angst, mit der anderen nicht mithalten zu können und irgendwie dagegen machtlos zu sein, denn ein großer Teil des Geschehens spielt sich ja hinter dem Rücken ab – also ohne dass wir selbst dabei sind. Das gleicht einer elementaren Bedrohung. Und so reagiert in diesem Moment auch unser Körper: Er richtet sich sowohl auf Kampf als auch auf Flucht ein.

Die Kommandozentrale im Gehirn bringt dazu eine Kettenreaktion in Gang: Um den Organismus in höchste Alarmbereitschaft zu versetzen, muss die Nebenniere verstärkt Adrenalin – unser Selbstschutzhormon – ausschütten. Das Herz schlägt schneller, Gehirn und Muskulatur werden mit mehr Sauerstoff versorgt, kalter Schweiß kühlt den Körper. Der Appetit auf Essen verschwindet bei den meisten. Manche reagieren aber auch, indem sie anfangen, extrem viel zu essen. Ziemlich sicher ist, dass dieses Verhalten nicht die Seele, sondern den Körper rund macht: »Kummerspeck« nennt man das treffend.

Für extreme Eifersucht ist oft mangelndes Selbstbewusstsein die Ursache. Eine gesunde Portion Selbstliebe schützt vor den selbstzerstörerischen Seiten dieses Gefühls. Dafür werden gerade in der Pubertät wichtige Grundsteine gelegt. Wenn du in diese Situation gerätst, solltest du also in erster Linie nett zu dir selbst sein. Mache nicht den Fehler, dir einzureden, dich würde niemand mehr mögen oder jeder würde mit dem Finger auf dich zeigen. Versuche aber auch nicht, deine Eifersucht zu verdrängen, sondern die Situation zu verstehen. Ohne Verletzungen kommt kein Mensch durchs Leben.

Weine dich ruhig bei deiner Mutter, deiner Freundin oder einer völlig neutralen Person aus. Das hilft mehr, als sich für die vermeintliche Gegnerin etwas Böses auszudenken. Bleib lieber souverän, tue Dinge, die du gerne magst und die dich ablenken: mit deinen Freundinnen ausgehen, ein schönes Buch lesen oder die nächsten Ferien planen. Du bist schließlich die wichtigste Person in deinem Leben!

// Wie kann ich ihn auf mich aufmerksam machen?

In der Kindheit waren deine Kontakte zu Jungen wahrscheinlich ganz normal und harmlos. Mit der Pubertät und den erwachenden Liebesgefühlen wird das alles komplizierter. Sobald du beginnst, dich für jemanden zu interessieren, wird es dir wahrscheinlich schwerfallen, in seiner Nähe unbefangen zu sein. Du beginnst in Gesten und Äußerungen etwas hineinzuinterpretieren, ohne zu wissen, was wirklich dahintersteckt. Du wirst viel Zeit damit zubringen, dir zu überlegen, wie etwas gemeint sein könnte und ob er sich – hoffentlich – auch für dich interessiert. Deine größte Angst ist, dass er dich womöglich für unattraktiv hält. Du fragst dich, wie er dich am tollsten findet, was du tun und anziehen solltest, um ihm zu gefallen. Was du tun kannst, damit er außer dir keine andere mehr ansieht.

Und du überlegst dir natürlich, wie du an ihn herankommen könntest. Die meisten Mädchen erwarten immer noch, dass der Junge den ersten Schritt tut. Das ist zwar verständlich, denn es ist einfacher: Wer gefragt wird, hat immer die Möglichkeit, Ja oder Nein zu sagen. Wer hingegen fragen muss, läuft Gefahr, eine Abfuhr zu erhalten.

Vielleicht kennst du folgende Situation: Du siehst einen Jungen, der dir gefällt, schaust hin und gleich wieder weg, er schaut auch, und während du noch überlegst, was du jetzt tust, ist er gegangen. Danach beißt du dir in den Hintern, weil die Situation vorbei ist, ohne dass du ihn angesprochen hast.

Der Grund ist immer und bei allen Menschen der gleiche: die Furcht, etwas Peinliches zu sagen, die Furcht, abgelehnt zu werden und damit nicht fertig zu werden. Dein Körper reagiert in unbekannten Situationen mit Angst. Das ist bei allen Menschen so, aber diese Angst kann man um ein Vielfaches reduzieren, wenn man sich mit ihr im Vorhinein auseinandersetzt. Du kannst dir überlegen, was im schlimmsten Fall passieren würde und wie du dann damit umgehen würdest. Hast du dafür eine Lösung gefunden, brauchst du eigentlich keine Angst mehr haben, denn du weißt ja bereits, wie du damit fertig wirst.

Du kannst Angst nur überwinden, indem du genau das tust, wovor du dich fürchtest. Es ist klar, dass das erste Mal unerhört schwierig sein wird, aber schon beim zweiten Mal ist es leichter, und irgendwann macht es sogar Spaß.

Wenn du also jemanden in deinem Leben haben willst, bleibt dir nichts weiter übrig, als aktiv zu werden und ihn anzusprechen. Wenn du nur still abwartest, riskierst du, dass derjenige einfach weggeht, ohne bemerkt zu haben, dass du ihn magst. Und dann hat keiner etwas gewonnen. Zudem wirst du dir ununterbrochen Gedanken machen, was wohl passiert wäre, wenn … Das kann sehr nervig werden und dich über längere Zeit von allen anderen schönen Dingen in deinem Leben ablenken. Die Gedanken »Aber wenn er nicht mit mir reden will, wenn er mich blöd findet?« kannst du dir im Grunde sparen, denn du wirst es ja nicht erfahren, wenn du es nicht probierst! Es ist einfacher und positiver für dich, kurz allen Mut zusammenzunehmen, als wochen- oder monatelang über ungewissen Zukunftsaussichten zu brüten.

Hilfreich kann es sein, wenn du es zunächst erst einmal bei anderen Personen, die dir nicht so sehr am Herzen liegen, trainierst. Da hast du nichts zu verlieren und erlangst eine gewisse Übung im Ansprechen von (fremden) Leuten.

Es gibt eine Menge Dinge, mit denen du dein Interesse eindeutig signalisieren kannst: ihm in die Augen sehen, ihm zulächeln, ihm zuhören, herausfinden, wofür er sich interessiert, dich seiner Clique anschließen oder ihn ganz einfach zu irgendetwas einladen. Auf alle Fälle solltest du ihn wissen lassen, dass dir an seiner Gesellschaft gelegen ist. Selbst wenn es dich einige Überwindung kostet: Er kann schließlich keine Gedanken lesen.

Wenn du nicht weißt, was du sagen sollst, sag einfach »Hallo«. Es wird sich schon ein Gespräch ergeben. Vorausplanen kannst du es sowieso nicht, und je mehr du vorher darüber nachdenkst, desto schwieriger wird es. Probiere, den Kopf kurz auszuschalten und einfach zu sagen, was dir in den Sinn kommt. Versuche, dich selbst zu überzeugen, dass es keine große Sache ist.

Wenn du auf jemanden zugehst, dann probiere, dich nicht zu verstellen, d. h. versuche, nicht jemand anderes zu sein. Damit sagst du demjenigen ja eigentlich, dass du selbst nicht gut genug bist. Du wirst sicher aus eigener Erfahrung wissen, dass man es relativ schnell bemerkt, wenn sich jemand verstellt, und dass es ziemlich unattraktiv wirkt, weil man sich natürlich fragt, wieso sich derjenige verstellt. Viele meinen, sie müssten extra cool wirken, zeigen, dass sie alles im Griff haben und dass sie alles kaltlässt. Aber wer will schon mit einem gefühllosen Eisblock zusammen sein? Also ist es nicht schlimm, wenn du aufgeregt bist und der Junge es dir anmerkt. Die meisten finden es süß, es spricht ja nur dafür, dass er dir am Herzen liegt. Auch sind Jungs meistens froh, wenn sie von Mädchen angesprochen werden, weil es nicht so oft passiert. Meistens müssen immer noch sie die Initiative ergreifen, und du kannst dir nicht vorstellen, wie dankbar sie sind, wenn es einmal umgedreht passiert. Das erspart ihnen nämlich die ganze Angst, die du erst einmal überwinden musst.

Nicht gut wäre es, aus falsch verstandenem Stolz heraus so zu tun, als wäre der Junge Luft für dich, und womöglich noch mit deinen Freundinnen über seine vielleicht ungeschickten Annäherungsversuche zu kichern. Das verletzt ihn und verdirbt dir vielleicht alle Chancen. Du solltest nicht vergessen, dass auch Jungs eine außerordentlich schwierige Phase durchleben und genauso viel oder genauso wenig Erfahrung haben wie du.

// Wie trenne ich mich von ihm, ohne ihn zu verletzen?

Treue wird unter Jugendlichen an sich großgeschrieben. Solange sie mit jemandem zusammen sind, halten sie sich auch daran. Aber in diesem Alter gibt es noch so viele Menschen und Formen der Liebe zu entdecken. Das gefährdet die Treue und führt dazu, dass Beziehungen wieder auseinandergehen. Es ist also völlig normal, wenn dir das auch passiert.

Wenn du schon einen neuen Freund hast, wird es dir leichter fallen, dich von deinem alten zu trennen. Du fängst an, beide miteinander zu vergleichen. Es kann sein, dass du deinen bisherigen Freund vor dir selbst und anderen nun schlechtmachst. Damit versuchst du vermutlich, dir einen besseren Abgang zu verschaffen. Das ist zwar allgemein verbreitet, aber dennoch nicht die feine Art: Der Junge, mit dem du bislang zusammen warst, ist wahrscheinlich nicht schlechter als der, den du jetzt gefunden hast. Du hast nur bemerkt, dass ihr vielleicht doch nicht so gut zusammenpasst. Bei einem anderen Mädchen ist er sicher besser aufgehoben.

Hast du noch keinen neuen Freund gefunden, sondern nur kein Interesse mehr, mit deinem jetzigen zusammen zu sein, wird dir der Ablösungsprozess wahrscheinlich schwerer fallen. In beiden Situationen solltest du mit Bedacht vorgehen. Stell dir vor, was für dich selbst am schlimmsten wäre, wenn du an seiner Stelle wärst. Und vermeide ihm anzutun, was du selbst nicht wollen würdest. Das bedeutet: Sei so offen und ehrlich wie möglich, versuche, sein Selbstwertgefühl nicht zu verletzen. Und wenn du das Gefühl hast, das nicht zu können, kannst du ruhig einmal zu einer Notlüge greifen. Natürlich musst auch du sehen, dass du heil, gesund und so schnell wie möglich aus dieser Beziehung herauskommst.

// Ist Liebe für Jungen und Mädchen das Gleiche?

Die Liebe ist unser mächtigstes Gefühl. Die Erwartungen, die wir an sie stellen, enden nicht selten in einem unauflöslichen Chaos. Wir erwarten zu viel von der Liebe und damit auch von unserem Partner. Oft haben Mädchen und Jungen völlig unterschiedliche Ansichten, was die Liebe angeht. Wenn es um Gefühle füreinander geht, tun sich bei einem Paar manchmal Abgründe auf, und du hast vielleicht das Gefühl, dein Freund käme von einem anderen Stern.

Beide Geschlechter sprechen eine andere Sprache – ob das an der Erziehung liegt oder angeboren ist, darüber streiten sich bis heute die Forscher. Mädchen haben in der Kindheit meist eine oder zwei beste Freundinnen, die ihnen besonders nahestehen. Sie haben im Allgemeinen eher einen kleinen Freundeskreis, in dem sehr offen und vertraut und vor allem viel über alles gesprochen wird. Mit der besten Freundin teilen Mädchen jedes Geheimnis, jedes Erlebnis und auch jedes Gefühl. Auch Trauer, Wut und Enttäuschung durchleben Mädchen gemeinsam mit der Freundin. Man kann es nicht verallgemeinern, aber bei Freundschaften zwischen Jungen scheint es in erster Linie darum zu gehen, etwas gemeinsam zu erleben oder zu unternehmen, seien es Computerspiele oder sportliche Aktivitäten. Dabei versuchen schon kleine Jungs, sich miteinander zu messen. Über Gefühle sprechen die meisten Jungen selten miteinander, da sie keine Schwäche zeigen möchten. Wenn ein Junge traurig ist, vertraut er sich in der Regel eher seiner Mutter oder anderen erwachsenen Bezugspersonen an.

So kommt es, dass Jungen und Mädchen in deinem Alter meist etwas anderes voneinander erwarten. Während du dir von deinem Partner also wünschst, dass er dein bester Freund ist und du ihm alles erzählen kannst, verlangt er etwas völlig anderes. Für ihn bedeutet Freundschaft, etwas miteinander zu tun – Computerspiele zu spielen etwa oder ins Kino zu gehen. Das kann für dich sehr enttäuschend sein. Aber wenn du bereits weißt, dass vieles bei dir anders ankommt, als es gemeint ist, und vor allen Dingen, dass es nicht persönlich gemeint ist, wird es dir leichter fallen, ihn zu verstehen.

// Gehören Liebe und Sex zusammen oder nicht?

Sexualität und Liebe sind zwei Vorgänge, die zwar zusammengehören, jedoch nicht miteinander verwechselt werden dürfen. Sexualität ist ohne Liebe möglich. Und auch Liebe kann sich ohne Sex entfalten. Liebe kann die Voraussetzung dafür schaffen, dass die Sexualität an Klarheit, Schönheit und Emotionalität gewinnt. Aber das eine muss nicht zwangsläufig mit dem anderen einhergehen.

Den meisten Mädchen geht es in ihren Liebesbeziehungen sehr häufig in erster Linie gar nicht um Sex. Sie sehnen sich vielmehr nach einem Menschen, der ihnen Zärtlichkeit schenkt und sie versteht. Sie möchten mit ihrem Freund Gedanken und Gefühle teilen, Probleme mit ihm besprechen können. Sie wollen mit ihm zusammen sein, so oft es geht, und möglichst viel gemeinsam unternehmen. Sie wollen vorrangig sein für ihn – nicht an letzter Stelle stehen nach Schule, Clique und Sport. Mädchen träumen meist von mehr Nähe als Jungen.

Sex ist für sie vor allem eine Möglichkeit, ihm besonders nahe zu sein. Vielen jungen Mädchen ist die sexuelle Befriedigung selbst zunächst gar nicht von so großer Bedeutung, sie geben oft den Wünschen ihres Freundes nach, ohne es wirklich zu wollen, und trauen sich nicht, »Nein« zu sagen. Sie möchten ihn nicht verlieren, nicht prüde oder uncool wirken oder mit anderen mitreden können. Bei einer guten Beziehung gibt es aber eine Menge Dinge, die ein Paar zusammenschweißen, ohne dass sie miteinander schlafen müssen, wenn sie beide es nicht wollen oder einer von ihnen es nicht möchte.

Liebe und Sexualität nehmen zu unterschiedlichen Zeiten einen anderen Stellenwert ein. Manchmal glaubt man, Jungen sei Sex wichtiger als Liebe und bei Mädchen sei es umgekehrt. Sicher ist wohl, dass Jungen oft schlechter über ihre Gefühle sprechen können als Mädchen und in der Pubertät einen stärkeren Sexualtrieb haben, den sie ausleben wollen. Mädchen ist in dieser Zeit Liebe wichtiger als Sex. Es dauert eine Weile, bis sich das Verhältnis ausgleicht. Die meisten Menschen träumen davon, sich eines Tages in jemanden zu verlieben, mit dem sie die sexuelle Liebe und das ganze Leben genießen und zusammenbleiben können. Liebe lässt über die sexuelle Lust hinausdenken. Durch Liebe kann Sex noch erfüllender werden.

Ich möchte noch nicht mit ihm schlafen, ist das normal?
Alles, was du wirklich selbst willst oder nicht willst, ist völlig okay.

Warum haben Jungen es oft so eilig mit dem Sex?
Weil sie biologisch anders gestrickt sind.

Gibt es Liebe ohne Sex?
Ja, ebenso wie Sex ohne Liebe!

Kann ich von Petting schwanger werden?
Nein, es sei denn, es gelangen irgendwie Samen in deine Scheide – etwa durch die Hände nach einem Samenerguss.

Können wir auf das Kondom verzichten, wenn ich die Pille nehme?
Besser nicht. Das hängt aber auch davon ab, ob ihr ein festes und treues Paar seid, wie lange ihr schon zusammen seid und mit welchen und wie vielen Menschen ihr vorher zusammen wart.

Welche Verhütungsmittel kommen für mich infrage?
Ganz sicher die Pille oder eventuell der Vaginalring, auf jeden Fall aber das Kondom!

Wie oft darf man sich selbst befriedigen?
So oft es Spaß macht!

// Ist der siebte Himmel der richtige Ort für Sex?

Viele junge Mädchen sind neugierig auf Sex, wollen aber trotzdem warten, bis sie den Richtigen gefunden haben. Wer das ist, lässt sich jedoch nur im Nachhinein sagen. Im Überschwang verliebter Gefühle lässt sich das meist schlecht beurteilen, weil sie ja erfahrungsgemäß oft so schnell vorbei sind, wie sie kamen. Zur eigenen Sicherheit ist es also besser, mit Bedacht vorzugehen. Dass du dich unter Druck setzt mit dem Sex, wenn du dich noch nicht reif genug dafür fühlst, ist überhaupt nicht nötig. Du hast alle Zeit der Welt.

Die Sexualität hat zunächst einmal ja nicht nur die Funktion, uns Spaß zu machen, sondern dient Mensch und Tier zur Fortpflanzung. Sie sorgt dafür, dass Kinder gezeugt werden und damit die Menschheit erhalten bleibt. Damit das sicher klappt, hat die Natur es so eingerichtet, dass Sexualität Lust bereitet und ein starkes Verlangen auslöst.

Sexualität fördert eine enge Beziehung zwischen zwei Menschen und trägt dazu bei, dass sie eine Familie gründen können. Die Sexualität lässt uns Gefühle der Liebe und Verbundenheit in einer Intensität und Stärke ausdrücken, wie es auf andere Weise gar nicht möglich ist. Sie ist eine ganz besondere Form, Nähe, Intimität und tiefe Gefühle mit einem anderen Menschen zu erfahren und zu teilen.

Und nicht zuletzt: Sex macht auch für sich alleine gesehen Spaß und ist eine überaus lustvolle Angelegenheit. Entscheidend ist dabei, auf seine eigenen Wünsche und Vorstellungen zu hören und sich nichts aufzwingen zu lassen, was man nicht möchte. Sexualität und Zärtlichkeit in einer Beziehung sind mehr, als nur miteinander zu schlafen. Der Wunsch nach Zärtlichkeit, nach Nähe und Wärme ist oft stärker als der Wunsch nach Sex. Um miteinander zu schlafen, wollen sich viele Jugendliche erst gut genug kennen und miteinander vertraut sein. Die Sexualität soll sich ganz allmählich zwischen den beiden Partnern entfalten. Natürlich kann es ebenso sein, dass gleich am ersten Abend die Post abgeht, ohne dass weniger Liebe im Spiel ist. Was für den einen schnell und übereilt ist, ist für den anderen unerträglich langsam, für einen Dritten aber genau richtig.

Empfindungen und Sehnsüchte treten bei zwei Menschen nicht zeitgleich auf. Es kommt deshalb darauf an, ein Tempo zu entwickeln, das beide Partner nicht überfordert, nicht zu viel erwarten lässt, nicht enttäuscht oder zu einem Über-sich-Ergehen-lassen führt. Jungen haben es oft eiliger als Mädchen, was kein böser Wille ist, sondern an ihrer eigenen Biologie oder ihrem sozialen Umfeld liegt – andere Jungs etwa, die mit ihren (Schein-)Erlebnissen angeben – und sie oftmals unter großen Druck setzt. Wichtig ist es, dass du dein eigenes Tempo findest. Und es ist in jedem Fall eine Bereicherung für eure Beziehung, wenn du deinem Freund sagen kannst, was du dir vorstellst, was du möchtest und was dir guttut. Das ist umso wichtiger, als die Vorstellungen von gutem Sex unter Umständen von bereits im Internet gesehenen Pornos beeinflusst worden sind. Du solltest dir hier ganz bewusst sein, dass diese Filme fiktiv sind und die Frauen oft als immer geile und zu allem bereite Lustobjekte dargestellt werden. Das ist natürlich vollkommen übertrieben und hat nichts mit gutem Sex oder der Realität zu tun. Sex ist etwas ganz Wunderbares, wenn beide Partner wissen, was dem anderen gefällt, und das können sie nicht herausbekommen, wenn sie etwas imitieren, sondern nur, indem sie es entdecken. Gleichberechtigt!

// Wann darf man miteinander schlafen?

Viele Mädchen fragen sich, wann sie alt genug sind, um mit einem Jungen richtig zu schlafen. Darauf gibt es aber keine endgültige Antwort. Bei Befragungen kommt häufiger heraus, dass Mädchen selbst meinen, so etwa 14 Jahre wäre offiziell ein guter Zeitpunkt, um sich näher mit einem Jungen einzulassen. Viele sagen dabei aber auch, dass sie selbst keine besondere Freude am Sex haben, ihn aber trotzdem mitmachen oder mitmachen würden, weil ihr Freund es so möchte. Das ist natürlich kein guter Anlass für eine im Prinzip so schöne Sache.

Jedes Mädchen muss für sich selbst herausbekommen, was es will und wann der beste Zeitpunkt dafür ist. Die körperliche Entwicklung spielt dabei keine Rolle. Mit dem Einsetzen der Geschlechtsreife können theoretisch alle Menschen schon Geschlechtsverkehr haben. Doch die Geschlechtsreife tritt ja bei Mädchen gelegentlich schon ein, wenn sie sich noch wie ein Kind fühlen. Selbst wenn du aufgrund deiner körperlichen Entwicklung bereits ein Baby bekommen könntest, fühlst du dich ja noch lange nicht als erwachsene Frau. Die geistig-seelische Reife spielt also eine größere Rolle für den richtigen Zeitpunkt. Entscheidend ist, dass du dich reif genug für das Ausleben deiner eigenen Sexualität fühlst und dass du diesen wichtigen Schritt wirklich aus innerer Überzeugung bejahst. Denn du stellst damit ja auch die Weichen für ein erfülltes sexuelles Leben.

Wenn man miteinander schläft, treten viele Schwierigkeiten deshalb auf, weil einer von beiden innerlich noch nicht dazu bereit ist und es eigentlich gar nicht möchte. Das trifft ganz besonders für das erste Mal zu. Der Druck, miteinander zu schlafen, kann aus den unterschiedlichsten Ecken kommen: vom Freund oder vom Freundeskreis, von dem du denkst, es hätten schon alle hinter sich und würden insgeheim über dich lachen.

Die Gründe, miteinander zu schlafen, die in diesem Zusammenhang oft genannt werden, sind der stärkere sexuelle Druck von Jungen und die Tatsache, dass viele Jungen es lieber und öfter wollen als Mädchen. Das mag zum einen daran liegen, dass sie biologisch anders gestrickt sind, andererseits aber auch daran, dass alle Welt von ihnen erwartet, dass sie sich sexuell austoben. Im Jugendalter haben die meisten Jungs bereits Erfahrungen mit ihrer Sexualität und vor allem mit Selbstbefriedigung. Bei Mädchen trifft das nicht zu, sie entdecken ihre Sexualität oft erst wesentlich später. Das kann wiederum dazu führen, dass einige Mädchen sich nicht trauen, das zu tun, wonach ihnen der Sinn steht.

Unterschiedliche Erwartungen lassen sich also ganz offenbar nicht vermeiden. Deswegen ist es so enorm wichtig, dass du versuchst, deinen eigenen Standpunkt herauszufinden und auf deine innere Stimme zu hören. Das muss ein Paar natürlich miteinander klären. Über die unterschiedlichen Erwartungen zu sprechen, heißt aber nicht, sich zur Meinung des anderen überreden zu lassen. Im Zweifelsfall hat immer derjenige Vorrang, der etwas nicht möchte. Doch wenn ihr einander besser versteht, Sorgen und Ängste begreift, miteinander teilt, Sehnsüchte, Fantasien und sexuelle Wünsche einschätzen lernt, tut ihr viel für die Tiefe eurer Beziehung. Daraus kann dann jene vertrauensvolle Atmosphäre entstehen, in der du dich der sexuellen Liebe gerne öffnest.

An das erste Mal werden eben auch besonders viele Erwartungen geknüpft. Es ist umrankt von Erzählungen der Freundinnen, Geschichten aus Büchern und Filmen und manchmal noch von der Vorstellung, das Mädchen würde in dieser Nacht zur Frau gemacht. Das ist natürlich Unsinn, denn zum Frausein gehört ja nun wirklich mehr, als einmal mit einem Mann geschlafen zu haben. Diese Vorstellung diente wohl einstmals eher dazu, dass Mädchen sich für den einen und einzigen Mann, ihren Märchenprinzen, aufheben. Sie sollten – trotz erwachender sexueller Gefühle – bis zur Hochzeitsnacht warten, um ihrem Mann ihre Jungfräulichkeit zu schenken. Für Männer ist das dann wiederum etwas, worauf sie stolz sind, weil es ihrer Männlichkeit schmeichelt. In manchen anderen Kulturen ist das heute noch so.

Manche Männer glauben, es sei ein ganz besonderer sexueller Genuss, ein Mädchen zu entjungfern. Wenn du aus dem deutschsprachigen Kulturkreis stammst, ist die Entjungferung in deiner Erziehung wohl kein Thema mehr gewesen. Es sei denn, du gehörst einer bestimmten Religion an oder wächst in einer entlegeneren Gegend auf, wo sich viele alte Bräuche noch bis heute halten. Auch für Mädchen, die anderswo geboren wurden, etwa in der Türkei oder arabischen Ländern, ist Jungfräulichkeit heute noch von großer Bedeutung.

Daraus kann sich für dich ein Konflikt ergeben, der nicht leicht zu lösen ist. Einerseits möchtest du tun, was viele junge Mädchen tun, andererseits ist es für dich wichtig, nicht aus dem Rahmen zu fallen, der dich umgibt. Für dich ist es ganz besonders schwer, einen eigenen Weg zu finden. Möglicherweise wirst du mit deiner Familie nicht darüber reden können. Deshalb suche ruhig eine Beratungsstelle auf, in der du dich über deine ganz speziellen Probleme aussprechen kannst (Adressen findest du ab Seite 159). Die Beratungspersonen, die dort arbeiten, haben sich zum Stillschweigen verpflichtet. Sie können aber auch mit deinen Eltern sprechen, wenn du es für sinnvoll hältst. Du musst nicht alles mit dir alleine ausmachen. Und denke doch einfach daran, dass dein Leben erst anfängt und du noch jede Menge Zeit hast, dich zu entscheiden, wann du was und mit wem tun möchtest.

Als Beweismittel für die Unberührtheit gilt zu Unrecht das unzerstörte Jungfernhäutchen. Dieser weiche Hautkranz am Scheideneingang hat eine dehnbare Öffnung. Bei vielen Mädchen übersteht dieses Häutchen die erste Liebe unbeschadet. Bei nicht wenigen ist es so weich, dass es gar nicht weiter in Erscheinung tritt. Bei Kindern hat es die Funktion, Scheide und Gebärmutter vor dem Eindringen von Krankheitskeimen zu schützen. Mit Eintritt der Pubertät beginnt es allmählich, sich ganz natürlich zurückzubilden. Du solltest dir also auf keinen Fall von irgendjemandem ein schlechtes Gewissen einreden lassen, wenn das bei dir der Fall ist.

Dennoch bleibt es natürlich dabei, dass das erste Mal etwas ganz Besonderes ist – vor allem was die emotionale Seite angeht. Sexuelle Lust und Wohlbehagen stellen sich nicht wie ein Paukenschlag ein. Viele Jugendliche berichten von körperlichen Schmerzen, Nervosität, Stress, zu wenig Zärtlichkeit, zu wenig Zeit und zu wenig Verständnis füreinander. Meist sind zwei unerfahrene junge Menschen zusammen, die erst noch lernen müssen, wie ihre Sexualität am schönsten zur Entfaltung kommt. Die Angst, etwas falsch zu machen oder nicht ungestört zu bleiben, kann ihnen die erste Erfahrung sehr erschweren.

Die Liebestechniken werden oftmals überschätzt. In dem Moment, wo sich wirkliche sexuelle Lust einstellt und das Paar sich aufeinander einlässt, findet es meist automatisch seine eigenen Liebesspiele heraus. Sich auf sich selbst und einen anderen Menschen einzulassen, erfordert Zeit. Beide Partner sollten sich wirklich reif genug dafür fühlen. Sobald sich die sexuelle Lust einstellt, geht dann meist sowieso alles seinen Gang. Vorher muss allerdings natürlich die Frage der Verhütung geklärt sein (mehr darüber ab Seite 73).

// For the very first time – was passiert dabei?

Sexuelle Liebe hat viele Spielarten. Sie richtet sich nach Lust, Laune und dem, was beide Partner zulassen wollen. Viele Menschen machen den Fehler, Sexualität immer mit Geschlechtsverkehr gleichzusetzen. Alles, was zwei Menschen aus sexueller Lust miteinander tun, ist gelebte Sexualität. Bei jungen Menschen fängt es meist mit Petting an. Damit ist das intensive Küssen und Streicheln des ganzen Körpers gemeint, vor allem aber auch von Brüsten, Scheide und Kitzler beim Mädchen und Glied und Hoden beim Jungen. Der Körper ist voller sogenannter »erogener Zonen«, die einen bei Berührung lustvoll erschaudern lassen. An welchen Stellen es für dich am schönsten ist, musst du erst langsam herausfinden.

Der sexuelle Hautkontakt, bei dem ihr den Körper des anderen erkundet und entdeckt, kann sehr aufregend und prickelnd sein. Wer intensiv schmust, sich an den richtigen Stellen streichelt und genügend sexuell erregt ist, kommt dabei auch zum Höhepunkt. Für den Geschlechtsverkehr ist das die beste Übung. Wenn ihr euch erst einmal auf Petting beschränkt, könnt ihr euch mit der Verhütung noch Zeit lassen, bis ihr wirklich miteinander schlafen wollt. Ihr müsst jedoch aufpassen, dass beim Liebesspiel keine Samen in den Bereich des Scheideneingangs gelangen – etwa durch die Hände nach einem Samenerguss. Wenn ihr dann irgendwann richtig miteinander schlafen möchtet, solltet ihr das Verhütungsproblem gelöst haben.

Rein technisch gesehen unterscheidet sich der Geschlechtsverkehr vom Petting dadurch, dass der Mann sein Glied in die Scheide der Frau einführt. Ist ein Mann sexuell erregt, versteift sich sein Glied, weil es sich mit Blut füllt. Es richtet sich so auf, dass es vom Körper absteht. Für Mädchen, die das noch nie gesehen haben, kann das anfangs etwas bedrohlich aussehen. Das liegt unter anderem daran, dass man zwar überall in den Zeitschriften nackte Frauen sehen kann, aber fast nie nackte Männer mit aufgerichteten Gliedern. Der Anblick kann allerdings auch sehr erregend sein.

Bei der Frau schwillt der Kitzler an und richtet sich ebenfalls etwas auf. Die Scheide wird bei sexueller Erregung feucht, damit das steife Glied in die Scheide gleiten kann. Will dann ein Paar miteinander schlafen, führen Mann oder Frau das Glied meist mit einer Hand in die Scheide ein. Scheide und Glied passen zusammen wie Schloss und Schlüssel. Ein aufgerichtetes Glied ist normalerweise etwa zwölf bis fünfzehn Zentimeter lang, die Scheide passt sich dieser Größe bei Erregung an, indem sie sich etwas dehnt oder zusammenzieht. Ist das Glied in die Scheide eingedrungen, bewegen sich beide miteinander so, dass sich das Lustgefühl noch weiter steigert. Für fast alle Frauen ist es wichtig, dass ihr

Kitzler dabei gestreichelt wird. Das ist aber auch von der Stellung abhängig.

Die meisten Paare schlafen in der Missionarsstellung miteinander. Dabei liegt die Frau auf dem Rücken, der Mann Bauch an Bauch auf der Frau und dringt von vorne in sie ein. Diese Stellung war wohl lange Zeit so populär, weil die Menschen ihrer Fantasie keinen freien Lauf ließen. Ein Paar kann aber in allen nur denkbaren Stellungen liegen, sitzen, stehen oder sonst tun, was ihm gerade Spaß macht. Bei manchen Stellungen wird beispielsweise der Kitzler gleichzeitig automatisch mehr gereizt als bei der Missionarsstellung, bei wieder anderen kann sich der Mann besonders kraftvoll bewegen. Was als am angenehmsten und am lustvollsten empfunden wird, hängt von persönlichen Vorlieben und Gegebenheiten ab.

Weder Petting noch Geschlechtsverkehr müssen zwangsläufig mit einem Orgasmus enden. Bei Mädchen steigert sich die sexuelle Reaktionsfähigkeit ohnehin meist erst langsam. Die Fähigkeit, einen sexuellen Höhepunkt zu erlangen, muss sich oft erst entwickeln. Jungen hingegen bekommen relativ rasch einen Orgasmus. Obwohl man heute darüber diskutiert, ob es nicht einen Unterschied zwischen Samenerguss und Orgasmus gibt: Ein Samenerguss – der Ausstoß der Samenflüssigkeit – wäre danach eine eher körperliche Reaktion, bei der der Geist nicht beteiligt sein muss. Bei einem Orgasmus dagegen sind Körper und Geist miteinander auf dem Höhenflug.

// Wie fühlt sich ein Orgasmus an?

»Jede Zelle meines Körpers tanzt« – hat einmal jemand den Orgasmus beschrieben. Es ist eine Entladung der Muskel- und Nervenanspannung auf dem Höhepunkt der sexuellen Erregung. Dieser intensive Moment der schönen Gefühle wird von jedem Mädchen, jeder Frau anders empfunden. Auch von Mal zu Mal kann es ganz verschieden sein. Doch die Vorgänge im Körper sind immer die gleichen.

Die körperlichen und geistigen Reaktionen bei sexueller Erregung sind bei Mann und Frau in vielen Punkten gleich. Bevor es zu einem Höhepunkt kommt, steigert sich die Erregung stetig. Der Atem geht schneller, das Herz schlägt rascher, der Körper wird stärker durchblutet. Die Brustwarzen richten sich auf. Die Haut am ganzen Körper wird rosig und beginnt zu schwitzen. Vor dem Höhepunkt gibt es eine Phase, in der sich die hochgradige Erregung mehrere Minuten lang hält, bis sie sich im Orgasmus entlädt.

Wenn Frauen beim Geschlechtsverkehr zum Höhepunkt kommen, geschieht das fast immer durch die direkte oder indirekte Berührung ihres Kitzlers. Durch die Bewegung des Gliedes verschiebt sich die Haut und der Kitzler wird auf diese Weise gerieben. Die meisten Frauen mögen es sehr, wenn er noch zusätzlich mit der Hand gestreichelt wird.

Zunächst ziehen sich die Muskeln, die den Scheideneingang umgeben, für einige Sekunden zusammen, dann zucken rhythmisch und unwillkürlich die Muskeln im Unterleib. Ein intensives Gefühl breitet sich aus, das manchmal fast wehtut. Das Wohlgefühl ist im ganzen Körper zu spüren. Während des Höhepunkts nimmt ein Mensch nur bedingt wahr, was um ihn herum vor sich geht. Frauen können rasch danach noch einmal einen oder mehrere Höhepunkte erleben.

Bei Mädchen und Frauen kommt der Höhepunkt eher auf leisen Sohlen. Er ist selten so berauschend, wie er gerne dargestellt wird. Deswegen glauben sie auch manchmal selbst gar nicht, dass sie einen Orgasmus hatten. Das Gefühl, das sich dabei einstellt, wird oft überschätzt. Manche Frauen erzählen, dass er sich ähnlich bemerkbar macht wie ein kräftiges Niesen und die wohlige Erleichterung danach. Wie sich ein Orgasmus anfühlt, kann man aber gar nicht so generell sagen. Das ist eine sehr persönliche Sache, von Frau zu Frau verschieden, von Tag zu Tag, von Alter zu Alter und von Partner zu Partner.

Beim Mann wird der Höhepunkt beim Geschlechtsverkehr durch das Reiben des Gliedes an den Scheidenwänden und das rhythmische Vor- und Zurückschieben der Vorhaut ausgelöst. Verstärkt wird dies durch das Zusammenziehen der Beckenbodenmuskeln der Frau. Aus dem Glied tritt nun schon Flüssigkeit aus, in der bereits Samenfäden enthalten sein können. Auch deshalb ist Verhütung von Anfang an wichtig!

Der Ausstoß der Samenflüssigkeit verschafft dem Mann Lust und Erleichterung. Dabei ziehen sich die Muskeln krampfartig zusammen, wodurch die Samen aus den Nebenhoden durch die Samenleiter zur Harnröhre gepresst werden. Die ersten Wellen sind dabei die stärksten und angenehmsten, die darauf folgenden weniger intensiv. Die Spannung entlädt sich in Sekunden. Das Glied wird schlaff, und es dauert eine Weile, bis es wieder steif werden kann. Der Orgasmus wird bei den meisten Jungen von einem befreiten Aufstöhnen und einer sekundenlangen Bewusstseinstrübung begleitet. Sex ist aber auch ohne Orgasmus schön. Die Jagd nach einem Orgasmus kann unter Umständen den ganzen Spaß am Sex verderben. Schätzungsweise 70 Prozent aller Frauen kommen beim normalen Geschlechtsverkehr nicht regelmäßig zum Orgasmus. Dass beide in der gleichen Sekunde den Gipfel der Lust erleben, ist so etwas wie das absolute Highlight beim Liebesspiel und meist nur für geübte Paare zu erreichen, die schon etwas länger zusammen sind. Der gemeinsame Orgasmus sollte ein Glückstreffer bei der Liebe sein. Wer Sex zum Leistungssport macht, wird dieses gemeinsame Glücksgefühl wohl kaum erleben.

// Gefällt es ihm wirklich mit mir?

Viele Mädchen haben Angst, dass ihr Körper dem Jungen, mit dem sie ins Bett gehen, nicht gefällt oder dass sie ihn nicht befriedigen können. Das ist verständlich in einer so intimen Situation, in der jeder Mensch nackt und verletzbar ist und sich gewissermaßen innerlich und äußerlich zur Schau stellt. Meist können wir es nicht verhindern, uns auch von außen mit den Augen anderer Menschen zu betrachten. Besonders wir Frauen neigen dazu, zu denken, andere sähen im Bett aus wie die Göttinnen und könnten die Männer besser befriedigen.

Dabei handelt es sich natürlich um ein Missverständnis. Denn andere sind ja auch nur Menschen aus Fleisch und Blut. Und um eine Frage der Finger- oder Zungenfertigkeit, der Technik also, handelt es sich kaum: Allein der natürliche Umgang mit der eigenen Sinnlichkeit erspart einem viel Kummer und Enttäuschung. Wer seinen Körper kennt und sich selbst mag, kann dem Partner sagen, wie es sein soll, kann aber ebenso annehmen, was der andere sich wünscht. Es liegt jedoch auf der Hand, dass es zu Beginn der sexuellen Erkundungszeit hier noch Ungleichheiten geben kann. Darüber zu reden, will ja auch gelernt sein.

Eine häufige Beschwerde von Jungen und Männern ist, dass ihre Partnerinnen sich scheuen, bestimmte Wünsche zu erfüllen – etwa das Glied mit dem Mund zu liebkosen oder ihn am After anzufassen. Manche Dinge findest du sicher ebenfalls anfangs gewöhnungsbedürftig. Das geht den meisten Frauen so und hemmt sie oft. Andererseits musst du Dinge, die dir nicht geheuer sind, auch nicht machen oder dich daran gewöhnen, wenn du sie nicht wirklich willst. Du solltest dir in diesem Bereich von Anfang an zur Regel machen, nur zu tun und zuzulassen, was dir selbst angenehm ist. Dann kann sich deine sexuelle Experimentierfreudigkeit sicher am besten entfalten. Wenn nicht, ist es genauso okay.

Wenn du deinen Partner spüren lässt, was dir guttut, und er deine sexuelle Erregung merkt, hat er ganz sicher Spaß an dir und mit dir. Er wird versuchen, auf deine Wünsche einzugehen, um deine Freude zu steigern. Umgekehrt wird er dir dann auch durch Worte oder erotische Signale mitteilen, was er besonders schön und erregend findet.

// Mir macht Sex keinen Spaß – bin ich nicht normal?

Fast jeder Mensch hat im Laufe seines Lebens auch mal Probleme mit der Sexualität. Die meisten sind gar keine echten Probleme, sondern entstehen aus der Erwartung, Frau und Mann müssten zu jeder Tageszeit, in jeder Lebenslage und unter allen Umständen Lust auf Sex und auch einen Orgasmus haben.

Viele Mädchen, die sehr jung sind oder noch wenig Erfahrung mit ihrer Sexualität und dem Miteinanderschlafen haben, finden oft wenig Spaß daran. Das ist überhaupt nichts Ungewöhnliches. Sie haben zwar Freude am Beisammensein und den Zärtlichkeiten, werden jedoch vielleicht nicht feucht und haben Panik vor dem Moment, in dem der Junge in sie eindringen will. Andere haben Schmerzen beim Verkehr oder verkrampfen sich. Wieder andere kommen gar nicht oder nur schwer zum Orgasmus. Die Ursachen dafür können vielfältig sein: der falsche Partner, der falsche Zeitpunkt, zu wenig Ruhe, ständige Störungen, wenig Erfahrung mit sich selbst, die Sorge, schwanger zu werden oder sich mit Aids anzustecken.

Am besten ist es, mit dem Partner darüber zu sprechen. Manche Probleme lösen sich in dem Moment schon von selbst, andere lassen sich durch Abwarten aus der Welt schaffen. Wenn du einen Partner hast, dem du vertraust, versuche nicht, ihm etwas vorzumachen – etwa indem du ihm einen

Orgasmus vorspielst. Möglicherweise ist dir das Vorspiel nicht lang genug oder dein Kitzler wird nicht genügend stimuliert. Oder vielleicht hast du schlicht und ergreifend keine Lust. Wenn du merkst, dass deine Angst immer schlimmer wird und du dich zu sehr verkrampfst, hilft es, eine Weile völlig auf Sex zu verzichten. Vielleicht hast du ja Spaß daran, dich selbst zu befriedigen und deine sexuellen Vorlieben und Wünsche dabei kennenzulernen. Auf keinen Fall musst du dir Sorgen machen oder glauben, du seist frigide oder gefühlskalt. Allen Gerüchten zum Trotz: Diese beiden Zustände gibt es gar nicht, sie sind nur eine dumme Erfindung aus alten Tagen. Lass dir Zeit, deinen eigenen Weg zu finden.

// Was ist pervers?

Die Frage muss wohl eher lauten: Was ist normal? Das hing schon immer von Kulturkreis, Moralvorstellungen und der jeweiligen Zeit ab und nicht zuletzt von der Einstellung, die jeder Einzelne dazu hat. Noch im vergangenen Jahrhundert galt es als pervers, wenn eine Frau ihre Lustgefühle offen zeigte. Heute ist es wahrscheinlicher, dass eine Frau, die auf ihre Sexualität verzichtet, als »unnormal« abgestempelt wird. Auch Selbstbefriedigung galt lange Zeit als pervers und schändlich.

Sexualwissenschaftler sind dazu übergegangen, statt von Perversionen von »Varianten« des Sexualverhaltens zu sprechen. Gemeint sind damit auch belästigende Verhaltensweisen wie Exhibitionismus und Voyeurismus, die meist zwanghaft sind.

Wo das Normale aufhört und das Perverse anfängt, wird von jedem einzelnen Menschen anders betrachtet. Es gibt Sexpraktiken, die für manche Menschen wirklich unvorstellbar sind, doch von anderen werden sie bevorzugt. Das sind Grenzen, die jeder Mensch, jedes Paar für sich selbst abstecken muss.

Allerdings gibt es wirklich Dinge, die aus dem Rahmen fallen und strafrechtlich verfolgt werden müssen: Strafbar ist unter allen Umständen und auf alle Fälle jede Form von Vergewaltigung. Als besonders pervers gilt Sex mit Kindern. Mit Gefängnis bis zu zehn Jahren müssen Erwachsene rechnen, wenn sie sich an Minderjährigen vergehen. Dazu zählt auch, dass Kinder für Pornofilme missbraucht werden. Allein der Besitz von Kinderpornos wird strafrechtlich verfolgt. Werden Exhibitionisten, die ihre Geschlechtsteile in der Öffentlichkeit zeigen, angezeigt, müssen sie mit einer Verurteilung rechnen.

Das gilt auch für die Pornografie. Pornografie soll durch die hautnahe Darstellung von sexuellen Handlungen in Wort und Bild sexuell erregen. Die weiche Variante (Softcore) täuscht den Geschlechtsakt nur vor. Die Darsteller harter Pornos tun es tatsächlich. Sehr häufig spielen bei harten Pornos Gewalt und Brutalität eine große Rolle. Laut Strafgesetzbuch muss ein Porno beschlagnahmt werden, wenn er Gewalt, sexuellen Missbrauch von Kindern oder sexuelle Handlungen mit Tieren zeigt.

Wenn man über 18 Jahre alt ist, ist es legal, Pornos anzuschauen. Einem Minderjährigen ist es allerdings nicht per Gesetz verboten, Pornos zu schauen, sondern es ist verboten, Pornos Minderjährigen zugänglich zu machen, d. h. dass diejenigen Erwachsenen, die es tun, dann mit einer Strafe rechnen können. Wenn du aus Neugier mal einen Porno im Internet schaust und du dabei erwischt wirst, wird dir also erst mal nichts passieren, außer dass es dir wahrscheinlich peinlich ist und deine Eltern dich mit dem Thema konfrontieren werden. Forschungen belegen, dass gerade junge Menschen sich mit dem Anschauen von Pornofilmen selber ein Stück aufklären. Anfangs geschieht es mehr aus Neugier als aus sexueller Lust. Dabei sollte klar sein, dass ein klassischer Pornofilm Fiktion ist. Viele Pornos zeigen Frauen in einer untergeordneten Rolle, sie ist dem Mann zu Diensten. Das sollte in der Realität kein Ansporn für das Sexualleben sein. Die meisten Jugendlichen begreifen das aber ziemlich schnell und können gut zwischen Film und realem Leben unterscheiden. Am Ende ist es ja auch schöner, selber einen Partner zu haben, als nur anderen dabei zuzuschauen.

Pornos schauen übrigens nicht nur Männer, sondern auch Frauen, auch wenn es wahrscheinlich die meisten nie zugeben würden und man deshalb allgemein annimmt, Frauen würden sehr viel weniger Pornos schauen. Allerdings scheinen sie laut Umfragen eher Pornos mit ihrem Partner zusammen zu sehen, während bei den Männern mehr Singles Pornos schauen.

// Dürfen sich Mädchen auch selbst befriedigen?

Früher glaubte man, Selbstbefriedigung sei schädlich. Heute wissen wir, dass das blanker Unsinn ist. Doch ganz offenbar hat sich das immer noch nicht ganz herumgesprochen. Das liegt sicher auch daran, dass ein großer Teil der Erwachsenen – etwa deine Großeltern – noch in dem Bewusstsein aufgewachsen ist, dass Selbstbefriedigung als etwas ganz Schlimmes gilt. Früher wurden Jugendliche sogar bestraft, wenn sie dabei erwischt wurden. Sich selbst mit der Hand sexuelle Lust zu bereiten, ist jedoch weder unmoralisch noch gesundheitsschädlich. Im Gegenteil: Selbstbefriedigung ist eine ganz normale Spielform der Sexualität und hat eine ganze Reihe von guten und sogar gesunden Eigenschaften.

Die meisten Menschen erleben ihre ersten sexuellen Erfahrungen bei der Selbstbefriedigung. Es ist ganz sicher eine gute Gelegenheit, sich selbst kennen- und lieben zu lernen, sich selbst anzunehmen, Lust und Gefallen am eigenen Körper zu finden. Jugendlichen ermöglicht sie, sexuelle Erfahrungen mit sich selbst zu sammeln, sich aber Zeit und Muße bei der Partnersuche zu lassen.

Jungen entdecken die Selbstbefriedigung relativ schnell, nachdem sie ihren ersten Samenabgang hatten. Es ist für sie die beste Möglichkeit, Dampf abzulassen, weil ihr Sperma manchmal förmlich auf Entladung drängt. Für Mädchen ist es ebenfalls eine sinnvolle Erforschung des eigenen Körpers. Viele Mädchen lernen erst so, ihre eigene Sexualität zu entwickeln und einen Orgasmus zu haben. Es ist eine wesentliche Erfahrung, die es ihnen ermöglicht, ihre Sexualität mit einem Partner selbstbewusster und entspannter zu genießen, ihm zu sagen, was sie in der Liebe besonders schön finden, was und wo es ihnen am meisten Spaß macht. Allerdings kommen Mädchen oft nicht auf die Idee, dass diese Form der Eigenliebe etwas für sie selbst sein könnte. Es gibt keinen Grund, sich zu schämen, wenn man sich selbst befriedigt.

Selbstbefriedigung ist überdies für all diejenigen eine Möglichkeit, Sexualität auszuleben, die gerade keinen Partner haben, deren Partner nicht da ist, die Schwierigkeiten mit ihrem Partner haben, die andere Vorstellungen über die Häufigkeit von Sex haben als der Partner. Manchen Paaren macht es Freude und stärkt die sexuelle Lust, sich gegenseitig dabei zu beobachten. Bei der Selbstbefriedigung kann sich auch die Fantasie voll austoben.

Frauen streicheln dabei ihre Brüste und massieren ihren Kitzler, manche stecken sich auch noch einen Finger in die Scheide und bewegen ihn hin und her. Männer befriedigen sich selbst, indem sie ihr Glied mit der Hand rhythmisch reiben, so wie es für sie am lustvollsten ist. Meist wird dabei die Vorhaut hin- und hergeschoben. Selbstbefriedigung kann so oft betrieben werden, wie es Spaß macht und wie die Geschlechtsorgane es mitmachen, ohne wund zu werden.

Selbstbefriedigung darf allerdings nicht dazu führen, dass du dich immer mehr zurückziehst. Falls du das tust, obwohl du eine feste Partnerschaft hast, ist das ein Zeichen dafür, dass mit euch beiden etwas nicht in Ordnung ist und du dich aus der Beziehung ausklinkst.

// Ich mag Mädchen eigentlich lieber – bin ich lesbisch?

In der Pubertät machen viele Heranwachsende sexuelle Erfahrungen mit dem gleichen Geschlecht. Vor allem bei Jungen kommt es vor, dass sie sich gemeinsam selbst befriedigen oder sich gegenseitig befriedigen. Sie stehen manchmal unter einem erheblichen sexuellen Druck, den sie auf jede erdenkliche Art loszuwerden versuchen. Aber auch Mädchen haben innige Beziehungen zueinander, die sexuelle Befriedigung nicht ausschließen.

Nicht jeder Jugendliche, der die gleichgeschlechtliche Liebe kennenlernt, ist gleich homosexuell. In den meisten Menschen scheint die Möglichkeit angelegt zu sein, sich zu beiden Geschlechtern hingezogen zu fühlen. Manche pendeln ihr Leben lang zwischen den Männern und Frauen hin und her. Das nennt man bisexuell.

Ein gewisser Prozentsatz der Weltbevölkerung liebt ausschließlich das eigene Geschlecht und bleibt auch dabei. Erst dann, wenn sich das sexuelle Verlangen ausschließlich auf das eigene Geschlecht hin verlagert, spricht man von Homosexualität. Der Begriff kommt vom Griechischen »homos« für »gleich« und dem Lateinischen »sexus« für »Geschlecht«. Homosexualität ist nicht weniger schön und beglückend als die Liebe zwischen Mann und Frau. Und auch sexuell bleibt sie natürlich nicht weniger lustvoll und erfüllt. Homosexuelle Frauen nennt man lesbisch, homosexuelle Männer schwul.

Viele Forscher haben sich mit dem Thema befasst, woher die homosexuelle Neigung stammen könnte. Ob sie erblich ist, durch eine bestimmte Hormonkonzentration im Mutterleib oder durch die Erziehung zustande kommt, ist jedoch letztlich egal. Jeder Mensch hat das Recht, selbst zu entscheiden, wem er seine Liebe schenken und auf welche Weise er seine Sexualität ausleben möchte.

Wenn du merkst, dass du Mädchen dauerhaft lieber hast als Jungen, wird dich das vielleicht verwirren. Es ist zunächst schwer, unbefangen mit dieser Erkenntnis umzugehen und sie auch so den Eltern oder Freunden zu präsentieren. Vielen jungen Menschen fällt es nicht leicht, anderen zu offenbaren, dass sie homosexuell sind.

Wir sind keine Einzelwesen, sondern einer Vielzahl von Einflüssen ausgesetzt. Auch unsere eigene Einstellung setzt sich aus dem zusammen, was wir jemals über ein Thema bewusst oder unbewusst mitbekommen haben. Eltern, Schule, Fernsehen, Medien, Werbung, Kirche und Politik bestimmen auf diese Weise indirekt auch unser Sexualleben und somit unser Privatleben mit.

Dass deine Eltern auf deine Mitteilung vielleicht anfangs nicht so happy reagieren, solltest du zu verstehen versuchen. Denn es ist nicht zwangsläufig böse gemeint und gegen dich gerichtet. Sie werden einfach erst einmal Angst haben, dass es dir nicht gut gehen könnte, sie werden sich Sorgen machen, weil ein Weg vor dir liegt, bei dem sie dir nur bedingt helfen können. Auch werden sie sich von dem Gedanken trennen müssen, einen Schwiegersohn samt Enkelkindern zu bekommen. Du kannst sie aber damit trösten, dass auch lesbische Paare heutzutage Kinder, z. B. durch künstliche Befruchtung, bekommen können.

Sollten deine Eltern nicht so gut damit klarkommen und es dauert für dich länger, als du mit deiner eigenen Entwicklung warten kannst, scheue dich nicht, dir Hilfe oder Gleichgesinnte zu suchen. Du musst nicht alles allein durchmachen. Es gibt heute in allen großen und den meisten kleinen Städten spezielle Mädchen- und Frauengruppen, in denen du dich beraten lassen kannst.

Wenn du mit offenen Augen durch die Welt gehst, wirst du wahrscheinlich bemerken, dass auch in deiner engeren Umgebung ein Mädchen oder eine Frau ist, die dir aus eigener Erfahrung etwas raten kann.

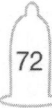

Manche Menschen merken schon relativ früh, dass sie homosexuell fühlen. Andere haben erst Kontakte zum anderen Geschlecht, bis ihnen selbst oder ihren Partnern klar wird, dass ihnen das gar nicht so liegt. Seine eigene Homosexualität zu erkennen, geht nicht immer wie ein Paukenschlag, sondern ist oft ein langwieriger Prozess. Erst an dessen Ende steht das Sich-zu-seiner-Neigung-Bekennen, das Coming-out. Generell ist das Klima Homosexuellen gegenüber heute wesentlich aufgeschlossener als früher. Auch viele Prominente und Politiker scheuen sich heute nicht mehr, zu ihrer Homosexualität zu stehen.

Homosexuellen ist durch den Gesetzgeber inzwischen die Möglichkeit gegeben worden, in Deutschland offiziell einen Bund für das Leben zu schließen, sich zu »verpartnern«. Das ist zwar als Fortschritt zu werten, aber die »Verpartnerung« ist leider noch nicht mit der Ehe gleichzusetzen. So haben gleichgeschlechtliche Partner in dieser Verbindung zwar alle Pflichten gegenüber dem Staat, jedoch weniger Rechte als ein heterosexuelles Ehepaar, dies betrifft z. B. das Adoptionsrecht. Die politische Debatte um die Gleichstellung gleichgeschlechtlicher Paare ist noch nicht abgeschlossen. In Österreich und der Schweiz haben homosexuelle Paare bisher keine Möglichkeit zu heiraten.

// Welche Verhütungsmittel sind für junge Mädchen geeignet?

Obwohl es viele Möglichkeiten gibt, sich wirksam vor einer Schwangerschaft zu schützen, gehen noch immer viel zu viele Mädchen unvorbereitet in den Geschlechtsverkehr. Manche sagen sogar, es seien inzwischen wieder wesentlich mehr als früher. Etliche von ihnen haben Pech und werden ungewollt schwanger. Auch die Zahl der Jugendschwangerschaften ist in den vergangenen Jahren wieder erheblich angestiegen.

Eine unerwünschte Schwangerschaft ist in jedem Alter eine Katastrophe, in der Pubertät aber ganz besonders. Natürlich ist es nachvollziehbar, dass ein Mädchen unverhofft in eine Situation hineinrutscht, in der Liebestaumel und Glücksgefühl die Verhütung vermeintlich unwichtig werden lassen oder in denen es gerade für ein junges Mädchen schwer ist, »Nein« zu sagen.

Doch das ist sehr gefährlich, denn ein einziger Verkehr reicht bereits für eine Schwangerschaft aus. Überdies muss ebenfalls die Gefahr bedacht werden, sich beim Sex mit der tödlichen Immunschwächekrankheit Aids oder anderen Geschlechtskrankheiten anzustecken.

Vorsorge ist also unerlässlich. Und das ist ja auch heute gar nicht mehr problematisch: Das Thema Verhütung ist kein Tabu mehr. Sicher wissen auch deine Eltern aus eigener Erfahrung darüber gut Bescheid. Gynäkologen und Familienberatungsstellen stehen mit Rat und Tat zur Seite. Sie unterliegen der Schweigepflicht und dürfen dich beraten, ohne dass deine Eltern davon etwas erfahren müssen – falls das für dich wichtig ist.

Kondome gibt es inzwischen völlig problemlos fast in allen Kneipen und Restaurants in Automaten zu kaufen – vor allem auch auf Damentoiletten –, in Apotheken, Drogerien und vielen Supermärkten. Es gibt in einigen Großstädten sogar spezielle Kondomläden, »Condomerias«, die rund um die Uhr geöffnet haben. Dort kannst du dich ohne Scheu beraten lassen. Du kannst für unvorhergesehene Fälle auch immer ein oder zwei Kondome in der Handtasche haben.

Eine sorgfältige Verhütung ermöglicht es Jugendlichen, einander sexuell kennenzulernen, ohne dass sie sich gleich aneinander binden müssen. Sie ist gerade für junge Mädchen die Chance, eine entspannte Sexualität ohne Angst vor Schwangerschaft zu erleben. Bewusste Familienplanung hat aber noch eine ganz andere Dimension: Kinder können dadurch gewollt und erwünscht auf die Welt kommen. Und zwar dann, wenn die Mutter oder die Eltern ihnen die besten Lebensbedingungen bieten können.

Es gibt heute eine Reihe von modernen und sogar bequemen Verhütungsmethoden. Jede hat ihre Vor- und Nachteile und nicht alle sind für junge Mädchen bestens geeignet. Es muss von Frau zu Frau, nach Alter und Lebensgewohnheiten entschieden werden, welche Methode infrage kommt. Für junge Mädchen steht Sicherheit selbstverständlich an erster Stelle. Die wichtigsten Verhütungsmittel sind deshalb die Pille und das Kondom, vor allem in Kombination miteinander.

Die Verhütung mit Hormonen gilt als der zuverlässigste Schutz vor einer Schwangerschaft. Außerdem ist sie einfach anzuwenden. Deshalb wird insbesondere die Pille für Mädchen und junge Frauen empfohlen. Dennoch ist und bleibt sie ein hochwirksames Medikament aus künstlichen Hormonen mit seltenen, aber möglichen Nebenwirkungen. Aus diesem Grund muss sie vom Arzt verschrieben werden. Er sollte sich zweimal im Jahr davon überzeugen, dass keine Komplikationen auftreten und dass das Mädchen die Hormone auch wirklich gut verträgt.

Für Mädchen ab 14 Jahren ist es generell kein Problem, sie zu bekommen. Auch von der körperlichen Entwicklung her spricht medizinisch nichts dagegen. Allerdings: Die Pille macht angesichts des Aids-Risikos und anderer Geschlechtskrankheiten das Kondom nicht überflüssig!

Manche glauben, der sogenannte Coitus interruptus sei ebenfalls eine Verhütungsmethode. Das stimmt nicht! Beim Coitus interruptus besteht die Vorstellung, dass der Mann nur gut aufpassen und kurz vor dem Höhepunkt sein Glied aus der Scheide herausziehen muss. Diese Methode bietet jedoch praktisch überhaupt keine Sicherheit, weil schon vor dem Samenerguss winzige Mengen Samenflüssigkeit abgehen können. Nicht wenige Kinder verdanken dieser Methode ihr Leben!

// Was sind die Vor- und Nachteile von hormonellen Verhütungsmitteln?

In der folgenden Tabelle findest du die wichtigsten hormonellen Verhütungsmittel sowie ihre Vor- und Nachteile auf einen Blick.

// Pille

Wirkung: Die Pille ist heute meist eine sogenannte Mikropille und besteht aus den Hormonen Östrogen und Gestagen.

Sicherheit:[*] 0,03 bis 0,1

Vorteile: Die Sicherheit steht an vorderster Stelle der Verhütungsmittel.

Nachteile: Die Risiken sind – je nach Ausgangslage der Frau – nicht unerheblich: erhöhtes Thromboserisiko, Zyklusstörungen, Kopfschmerzen, Gewichtszunahme (größerer Appetit), Libidoverlust.

Für wen: Für junge, gesunde Frauen, die zuverlässig und regelmäßig jeden Tag eine Tablette einnehmen mögen.

// Vaginalring

Wirkung: Ein biegsamer Kunststoffring wird für drei Wochen in die Scheide eingelegt. Nach einer ringfreien Woche, in der die Entzugsblutung einsetzt, wird ein neuer Ring in die Scheide geschoben.

---

[*] Der sogenannte Pearl-Index gibt die Zahl der Schwangerschaften an, wenn hundert Frauen ein Jahr lang diese Verhütungsmethode verwendet haben. Die Angaben schwanken meistens. Wird gar keine Verhütung praktiziert, liegt er bei 60 bis 80.

Der Ring setzt die Hormone Östrogen und Gestagen frei und unterdrückt den Eisprung.

Sicherheit: 0,65 (nach Angaben des Herstellers)

Vorteile: Der Ring ist sehr sicher, wird vom Paar meist gar nicht bemerkt, die Hormondosis ist vergleichsweise niedrig, man kann das Thema Verhütung für drei Wochen vergessen. Die Wirkstoffe müssen nicht über die Leber abgebaut werden, sondern kommen gleich an Ort und Stelle.

Nachteile: Es gelten fast alle Risiken der herkömmlichen Pille; ein eventuell erhöhtes Thromboserisiko, Kopfschmerzen und Scheidenentzündungen sind möglich. Wer nicht mit Hormonen verhüten darf, sollte auch vom Ring Abstand nehmen.

Für wen: Für Frauen in jedem Alter, für die eine hormonelle Verhütung infrage kommt, ist das eine bequeme Lösung. Für junge Mädchen, die sich nicht scheuen, sich den Ring in die Scheide einzulegen, besonders geeignet. Vorteil: Wenn Probleme auftreten, lässt sich der Ring jederzeit entfernen.

// Hormonimplantat

Wirkung: Das Kunststoffstäbchen wird vom Arzt in den Oberarm implantiert. Hier gibt es bis zu drei Jahre lang das Hormon Gestagen frei. Der Eisprung wird verhindert.

Sicherheit: 2,0

Vorteile: sehr sicher, die Frau muss lange nicht mehr daran denken

Nachteile: Es kommt häufig zu Zwischenblutungen bis hin zum völligen Ausbleiben der Regel. Treten schwerwiegendere Probleme auf, muss das Stäbchen mit einer kleinen Operation vorzeitig entfernt werden. Das Stäbchen ist spürbar, das stört manche Frauen.

Für wen: Für Frauen, die aus gesundheitlichen Gründen keine Östrogene nehmen dürfen, und solche, die das Thema Verhütung über lange Zeit vergessen wollen. Für junge Mädchen nicht geeignet.

// Hormonpflaster

Wirkung: Jede Woche klebt sich die Frau ein Pflaster auf, das die Hormone Östrogen und Gestagen über die Haut abgibt.

Sicherheit: 0,9 (laut Hersteller)

Vorteile: sehr sicher, nur geringe Hormondosen, Schwimmen und Duschen beeinträchtigt die Wirkung nicht

Nachteile: Sichtbar, kann abfallen. Nur für Frauen unter 90 Kilo geeignet, sonst stimmen die Mengen der abgegebenen Hormone nicht mehr. Eventuell erhöhtes Risiko für Thrombosen.

Für wen: Für junge und ältere Frauen, die weder die Pille schlucken wollen noch sich selbst einen Vaginalring einlegen mögen und mit Hormonen verhüten dürfen.

// Hormonspirale

Wirkung: Sie gibt in der Gebärmutter kleine Mengen Gestagen ab, das den Aufbau der Gebärmutterschleimhaut und die Dichte des Zervixschleims verändert. Sie kann bis zu fünf Jahre in der Gebärmutter liegen bleiben.

Sicherheit: 0,1

Vorteile:	Sie kommt mit relativ kleinen Hormonmengen aus und ist trotzdem sehr sicher. Es treten seltener Infektionen auf als bei den herkömmlichen Spiralen.
Nachteile:	In den ersten Monaten kommt es häufig zu Zwischenblutungen. Die Blutungen sind schwach, kommen gelegentlich auch zum Erliegen.
Für wen:	Besonders geeignet für ältere Frauen, die schon geboren haben, nur in seltenen Fällen für Mädchen.

// Wie wird ein Kondom richtig angewendet?

Das Kondom ist das wichtigste Schutzmittel gegen Aids. Es ist – nach der Pille – das am zweithäufigsten eingesetzte Verhütungsmittel und das einzige, das gleichzeitig vor der Ansteckung mit einer Geschlechtskrankheit schützt. Überhaupt ist es eine der ältesten und einfachsten Methoden, die wir kennen. Und es ist nach wie vor die einzige Methode, bei der der Mann verhütet.

Das Kondom ist ein hauchdünner Gummischlauch, der an einer Seite geschlossen ist. Er wird vor dem Geschlechtsverkehr über das versteifte Glied gerollt. So wird verhindert, dass der Samen des Mannes in die Scheide der Frau gelangt. Der entscheidende Vorteil des Kondoms: Es lässt sich in jeder Hand- und Hosentasche unauffällig verstauen, ist bei spontanen Entschlüssen schnell zur Hand, ohne dass man lange im Voraus planen muss. Bei Paaren, die entspannt und selbstverständlich mit ihrer Sexualität umgehen, kann der Gebrauch eines Kondoms sehr sexy sein. Viele Jungen erzählen, dass sie es sehr erregend finden, wenn ihnen das Mädchen beim Vorspiel das Kondom überstreift.

Während Kondome eine Zeit lang etwas Anrüchiges an sich hatten, kann man heute völlig selbstbewusst damit umgehen. Kondome sind definitiv aus der Schmuddelecke raus und für junge Menschen in deinem Alter heute eine Selbstverständlichkeit. Man kann sie daher, wie gesagt, inzwischen auch überall problemlos kaufen. Die Präservative – auch Pariser oder Präser genannt – wurden ständig verändert und vor allem verbessert. Bei richtiger Anwendung sind sie sehr sicher. Kondome gibt es heute in vielen Farben, Formen und Ausführungen. Es gibt dicke, extrem strapazierfähige, dünne, besonders »gefühlsechte« Kondome, es gibt welche in Übergröße, welche mit Noppen, die die Lust steigern sollen, und welche mit Geschmack. Es gibt grüne, gelbe, schwarze, rote und Scherzkondome mit Teufelskopf, Hundekopf oder Korallenkopf.

Es sind allerdings nicht alle zur Verhütung geeignet. Es gibt noch immer eine große Anzahl minderwertiger Kondome, die schlampig verarbeitet sind. Markenlose Automatenkondome sind häufig mit Löchern übersät, die den Schutz völlig zunichtemachen. Das hat die Berliner Stiftung Warentest bei umfangreichen Tests herausgefunden. In aller Regel sind Kondome auch nur begrenzt haltbar, etwa vier bis fünf Jahre. Deshalb auch immer auf das Haltbarkeitsdatum auf der Packung gucken, besonders bei Automatenware! Am sichersten sind speziell geprüfte Markenkondome. Meist sind die Kondome mit einer Gleitcreme versehen und mit samentötenden Stoffen behandelt.

Ganz entscheidend ist natürlich, dass ihr Kondome richtig benutzt: Beim Aufreißen der Packung müsst ihr beispielsweise aufpassen, dass der dünne Gummi nicht durch einen scharfkantigen Ring oder spitze Fingernägel eingerissen wird. Anschließend muss das Kondom rechtzeitig über das aufgerichtete Glied gerollt werden. Das könnt ihr lustbringend in euer Vorspiel mit einbeziehen. Das erregte Glied darf auf keinen Fall ohne Gummi in die Nähe des Scheideneingangs kommen. Denn es kann vorkommen, dass auch schon vor dem Höhepunkt Samenflüssigkeit austritt. Das Kondom muss über dem steifen Glied abgerollt werden. Dafür wird das noch zusammengerollte Präservativ mit Daumen und Zeigefinger festgehalten und so auf das Glied aufgesetzt, dass das Röllchen wie bei einer Pudelmütze außen sitzt. Mit der anderen Hand wird das Röllchen über das Glied abgerollt. Oben an der Spitze des Gliedes soll ein kleiner Hohlraum bleiben – das sogenannte Reservoir, in dem die Samenflüssigkeit aufgefangen wird.

Habt ihr das Kondom versehentlich falsch aufgesetzt, sitzt also das Röllchen innen, müsst ihr unbedingt ein neues verwenden. Am alten könnten bereits Samenspuren sein. Habt ihr Sex gehabt, bei dem der Junge einen Samenerguss hatte, nicht warten, bis das Glied wieder schlaff wird. Das Kondom am Gummiring am Gliedansatz festhalten, damit es nicht abrutscht, dann vorsichtig aus der Scheide herausziehen. Nach dem Abstreifen des Kondoms kann an den Fingern Samenflüssigkeit sein. Deshalb Hände und Glied waschen, damit hinterher folgenlos weitergeschmust werden kann. Ein Kondom immer nur einmal verwenden. Nach der Benutzung in die Mülltonne werfen. Aus Umweltgründen nicht in die Toilette.

Die meisten gebräuchlichen Kondome sind mit einer Gleitcreme versehen. Solltet ihr aber dennoch das Gefühl haben, es »flutscht« noch nicht richtig, greift nicht einfach zu irgendwelchen Mitteln: Ölhaltige Substanzen wie Vaseline oder Babyöl greifen das Kondom an und verursachen kleine Löcher. Spezielle Gleitcremes gibt es inzwischen in jeder Drogerie.

Mögliche Fehlerquellen sind ansonsten relativ leicht zu bemerken: Ein Loch im Gummi ist meist unübersehbar. Auch das Abrutschen des Kondoms beim Herausziehen aus der Scheide wird kaum unbemerkt bleiben. Sollte euch das einmal passieren oder aus einem sehr seltenen Grund das Kondom platzen, ist es dringend erforderlich, dass du spätestens am nächsten Tag einen Frauenarzt oder eine Familienberatungsstelle aufsuchst, um dort zu klären, ob es zu einer Befruchtung gekommen sein könnte. Ist das wahrscheinlich, kann man dir dort die »Pille danach« verordnen. Zeit spielt dabei eine große Rolle, denn die »Pille danach« kann nur etwa 48 Stunden lang nach dem Malheur wirksam eingesetzt werden. Zusammen mit dieser Notfallmöglichkeit ist das Kondom eine der praktischsten und sichersten Methoden überhaupt.

Solltest du dir über die Handhabung Gedanken machen, kannst du es vor dem ersten Sex ruhig einmal zu Haus, beispielsweise auf einer Banane oder einer Gurke, ausprobieren.

// Wie funktionieren Pille und Scheidenring?

Die Verhütungspille und der Scheidenring gehören zu den hormonellen Verhütungsmitteln. Die Pille hat seit ihrer Einführung vor etwa 40 Jahren den Frauen eine große Unabhängigkeit beschert. Als erstes Verhütungsmittel machte sie es wirklich möglich, das Kinderkriegen entsprechend den Wünschen und Vorstellungen einer Frau zu planen. Deswegen nannte man sie zunächst auch Antibabypille. Durch die Pille konnten Frauen erstmals ihre Sexualität relativ unbeschwert ausleben. Der Scheidenring ist sozusagen ein Ableger der Pille.

Die Pille enthält die weiblichen Geschlechtshormone Östrogen und Gestagen (so heißt das Progesteron, wenn es aus dem Pharmalabor stammt). Sie wirkt auf dreierlei Weise:
- Die Hormone bremsen den steuernden Einfluss des Gehirns auf die Eierstöcke. Es reifen keine Eizellen mehr in den Eierstöcken heran. Der Eisprung wird unterdrückt, es gibt praktisch nur noch unfruchtbare Tage. Dadurch ist eine Befruchtung unmöglich.

- Die Pille verfestigt den Schleim am Muttermund, sodass die Samen nicht in die Gebärmutter gelangen können.
- Außerdem wird die Gebärmutterschleimhaut durch die künstlichen Hormone so verändert, dass sich ein befruchtetes Ei nicht einnisten kann.

Mittlerweile gibt es vornehmlich Mikropillen, in denen sehr viel geringere Hormonmengen und andere Zusammensetzungen enthalten sind als in der ursprünglichen Antibabypille. Welche Pille jedoch letztlich die richtige für dich ist, kann nur deine Ärztin oder dein Arzt entscheiden.

Die Pille sollte nur von gesunden Mädchen und Frauen eingenommen werden. Alle Hormonpillen können unter Umständen gefährliche Auswirkungen auf Herz und Kreislauf haben, die dein Leben beeinträchtigen können. Du solltest dem Arzt deshalb auch nichts verschweigen. Er muss sich vor dem ersten Rezept davon überzeugen, dass keine Erkrankungen wie Bluthochdruck, Übergewicht, bestimmte Blut- und Leberleiden oder Diabetes bei dir vorliegen.

Folgendes musst du bei der Einnahme beachten:

Die Mikropillen verhüten trotz ihrer kleinen Hormonmenge sehr, sehr sicher. Selbst wenn du einmal eine Pille vergisst, besteht keine Gefahr. Du musst die Einnahme spätestens am nächsten Tag nachholen. Allerdings darf dieser »Einnahmefehler« dann nicht noch einmal passieren.

Wenn du anfängst, die Pille einzunehmen, muss sich dein Körper erst an die Hormone gewöhnen. Es kann zu leichter Übelkeit, Kopfschmerzen oder Brustspannen kommen. Zu Beginn treten manchmal auch Zwischenblutungen auf. Sie wirken sich aber nicht auf die Sicherheit aus und verschwinden auch meist bald wieder. Wenn dich irgendetwas sehr beunruhigt, solltest du ruhig mit deiner Frauenärztin oder deinem Frauenarzt darüber sprechen.

Die Mikropillen sind Einphasenpräparate, bei denen man drei Wochen lang jeden Tag eine Tablette einnimmt. In der darauf folgenden Woche wird keine Pille geschluckt. In dieser Woche tritt die Blutung ein.

Weil die Hormone der Pille fast wie die natürlichen die Gebärmutterschleimhaut aufbauen, wird die oberste Schicht der Schleimhaut wenige Tage nach der Einnahme der letzten Pille mit einer Blutung abgestoßen. Diese Blutung ist meist schwächer und kürzer als deine »eigene«. Selbst während der einwöchigen Pillenpause kannst du nicht schwanger werden. Nach der Einnahmepause geht es dann weiter mit einer neuen Pillenpackung.

Eine längere Pillenpause, in der man sich davon überzeugt, ob der normale Zyklus noch reibungslos funktioniert, ist nicht nötig. Das bringt den Hormonhaushalt nur unnötig durcheinander. Möchte eine Frau nach dem Absetzen der Pille schwanger werden, ist das meist kein Problem. Auch bei jungen Mädchen wird die Fruchtbarkeit dadurch nicht beeinträchtigt.

Der Scheidenring ist eine Variante, die noch einfacher zu handhaben ist als die Mikropille. Der Vaginalring ist das erste Verhütungsmittel, das nur einmal im Monat ohne großen Aufwand eingesetzt wird. Ein entscheidender Vorteil des Ringes ist die Tatsache, dass die Hormone nicht über die Leber verarbeitet werden müssen, sondern direkt »am Ort des Geschehens« wirken können.

Bei der Pille stört viele Frauen, dass sie jeden Tag an sie denken müssen, dass es problematisch wird, wenn sie mal eine oder zwei vergessen, beim Pflaster, dass man es sieht.

Der Verhütungsring wird einmal im Monat durch die Scheide hindurch wie ein Tampon vor den Muttermund geschoben und bleibt dort drei Wochen liegen. Er gibt kontinuierlich winzige Mengen der Hormone Östrogen und Gestagen ab, die den Eisprung unterdrücken und auch sonst genauso wirken wie die Pille. Nach drei Wochen wird der

Ring herausgenommen und eine Woche ausgesetzt, an den ringfreien Tagen kommt es zu einer Entzugsblutung. Danach wird ein neuer Ring eingelegt. Manche Paare finden den Ring allerdings beim Sex irritierend, außerdem macht er das Kondom zum Schutz vor Übertragungen von Krankheiten nicht überflüssig.

// Woran merke ich, dass ich schwanger bin?

Hast du zur Zeit des Eisprungs ungeschützten Geschlechtsverkehr oder sind sonst irgendwie Samenfäden in deine Geschlechtsorgane gelangt, kannst du schwanger werden. Dann können nämlich Ei- und Samenzelle zusammentreffen und miteinander verschmelzen. Das passiert meist im Eileiter: Wenn eine Eizelle mit dem sogenannten Eisprung vom Eierstock in den Eileiter gelangt ist, beginnen die fruchtbaren Tage der Frau. Die Reise der Eizelle durch den Eileiter in die Gebärmutter dauert etwa vier Tage. Auf diesem Weg kann sie von der Samenzelle eines Mannes befruchtet werden.

Schwanger oder nicht? Diese Frage beschäftigt wohl jede Frau im Laufe ihres Lebens hin und wieder. Wenn nicht direkt eine bewusste Panne passiert ist, wie ein abgerutschtes Kondom, ist meist das Ausbleiben der Regel das erste Warnzeichen. Nach einer Weile stellen sich dann andere typische Veränderungen ein: plötzliche Übelkeit, meist morgens nach dem Aufstehen, kribbelnde und spannende Brüste, nächtlicher Harndrang, auffallende Niedergeschlagenheit, Appetitlosigkeit oder ungewöhnlicher Heißhunger.

Beim geringsten Verdacht ist es wichtig, sich rasch Gewissheit zu verschaffen, ob wirklich eine Schwangerschaft eingetreten ist – am besten indem man zum Frauenarzt geht. Das verlängert die Zeit, in der die Frau ganz in Ruhe entscheiden kann, was nun zu tun ist, in der sie sich beraten lassen und um Hilfe kümmern kann.

Aufschluss über eine Schwangerschaft gibt ein Schwangerschaftstest. Du kannst dir einfach einen in der Drogerie oder Apotheke kaufen oder einen beim Frauenarzt durchführen lassen. Schwangerschaftstests funktionieren alle auf die gleiche Weise: Hat sich in der Gebärmutter eine befruchtete Eizelle eingenistet, wird das Schwangerschaftshormon hCG (humanes Choriongonadotropin) gebildet. Es hat die Aufgabe, die Abstoßung der Eizelle mit einer Menstruationsblutung zu verhindern. Gerade am Anfang der Schwangerschaft wird es deshalb in großen Mengen gebildet. Das Hormon wird mit dem Urin ausgeschieden. Die Testverfahren können direkt auf der Toilette gemacht werden oder mithilfe eines Bechers, in dem der Harn aufgefangen wurde.

Die Tests verfügen in den meisten Fällen über zwei Sichtfenster. Taucht in dem großen ein Streifen auf, bedeutet das: schwanger! Ein Streifen in einem kleineren Fenster weist nach, dass der Test ordnungsgemäß durchgeführt wurde – unabhängig davon, ob die Frau nun schwanger ist oder nicht. Das Testergebnis liegt innerhalb von drei Minuten vor und ist nach Aussagen der Hersteller fast hundertprozentig sicher.

Zeigt das Testergebnis keine Schwangerschaft an und du bekommst in den nächsten Tagen dennoch deine Regel nicht, solltest du zur Sicherheit einen Frauenarzt aufsuchen, um die Ursache zu klären.

// Was passiert bei einer Schwangerschaft?

Bei einem Samenerguss werden etwa 400 Millionen Samen in die Scheide der Frau ausgestoßen. Nur ein kleiner Teil von ihnen schafft es, bis zum Ei vorzudringen. Nur eine Samenzelle schafft es noch weiter: Kurz vor Erreichen der Eizelle muss im Kopf des Samens noch ein Stoff freigesetzt werden, der ihm das Durchdringen der Eiwand ermöglicht. Das passiert erst so spät, weil der Samen sonst auch in andere Körperzellen eindringen könnte, wo er gar nichts zu suchen hat. Der Samen bleibt im weiblichen Körper drei bis fünf Tage lebensfähig.

Sind Samenzelle und Eizelle miteinander verschmolzen, beginnt ein rasantes Wachstum. Die befruchtete Eizelle teilt sich nun unaufhörlich. Es entstehen erst vier, dann acht, dann sechzehn Zellen usw., bis sich eine kleine Zellkugel gebildet hat. Die kleine Kugel wandert zur Gebärmutter, wo sie sich etwa eine Woche nach der Befruchtung in der gut ausgepolsterten Schleimhaut für die Zeit der Schwangerschaft einnistet. Jetzt beginnt sich der gesamte Organismus umzustellen. Allmählich treten die ersten Schwangerschaftsanzeichen auf. Das deutlichste ist das Ausbleiben der Regel.

Die Entwicklung von der befruchteten Eizelle bis zur Geburt des Kindes dauert etwa 266 Tage. Das sind rund neun Monate. Zehn Tage vor dem errechneten Ende der Schwangerschaft und zehn Tage danach bilden die Phase, in der die Geburt liegen sollte. In den ersten drei Monaten entwickeln sich die Organe und die Gliedmaßen des Kindes. In dieser Zeit können Krankheiten der Mutter oder Störungen von außen schlimme Folgen haben. Deshalb müssen Schwangere einen ganz besonders großen Bogen um Alkohol, Nikotin und Medikamente machen.

Bis zum dritten Schwangerschaftsmonat wird das werdende Kind Embryo genannt, danach heißt es Fötus. Das Baby schwimmt im Wasser der Fruchtblase, die sich aus dem Eisack entwickelt. Dadurch wird es gut geschützt und gepolstert. Aus den Eihäuten bildet sich im Laufe der Zeit der Mutterkuchen, der das Kind mit Sauerstoff und Nährstoffen versorgt. Mutter und Kind sind über die Nabelschnur miteinander verbunden, über die auch die Stoffwechselschlacken des Kindes abtransportiert werden.

Während der neun Monate im Mutterleib wachsen aus den beiden Ursprungszellen insgesamt zwei Milliarden Zellen. Sie entwickeln sich mit der Zeit zum Beispiel zu den einzelnen Organen, Nerven oder Muskeln. Wie sie sich entwickeln, ist in der Erbsubstanz festgelegt. Alle wesentlichen Eigenschaften sind durch die elterlichen Erbanlagen bestimmt: Haar- und Augenfarbe, Gesichts- und Körperform, Körpergröße und viele andere Dinge.

Ob ein Mädchen oder ein Junge geboren wird, steht ebenfalls von Anfang an fest: Grundsätzlich enthalten alle menschlichen Zellen 46 Chromosomen. Das sind schleifenartige Gebilde, auf denen die Erbanlagen des Menschen wie auf einer Perlenkette aufgereiht sind. Ei- und Samenzelle besitzen jedoch nur jeweils eine Hälfte. Bei der Befruchtung werden also zwei Hälften zu einem Ganzen verschmolzen. Erst dann kann sich ein neuer Mensch entwickeln.

Der Mann bestimmt mit seinem Samen das Geschlecht des Babys. Jeder Samen enthält entweder ein X- oder ein Y-Chromosom. Sie werden nach ihrer Form so genannt. Das X-Chromosom trägt die Erbinformationen für ein Mädchen, das Y-Chromosom die für einen Jungen. Die Frau gibt mit der Eizelle immer ein X-Chromosom weiter. Entsteht bei der Befruchtung die Kombination XX, sind die Weichen für ein Mädchen gestellt. Befruchtet ein Y-Chromosom-Samen die Eizelle, kommen also YX zusammen, wird ein Junge geboren werden.

Bis zur siebten Schwangerschaftswoche ist dennoch kein Unterschied zwischen einem Jungen und einem Mädchen zu erkennen. Sie entwickeln sich zunächst völlig gleich. Doch sobald Sexualhormone ins Spiel kommen, teilen sich ihre Wege: Die Geschlechtsorgane bilden sich heraus. Männliche und weibliche Geschlechtsorgane entsprechen sich: Dem Kitzler entspricht das Glied, den Eierstöcken die Hoden. Sie sind aus demselben Gewebe und deshalb in ihrer Empfindlichkeit für bestimmte Reize vergleichbar.

Am Ende der Schwangerschaft ist ein kleines Kind also schon mit allen Geschlechtsorganen und Drüsen für die Bildung der Hormone ausgestattet. Beim Mädchen sind bereits die Eianlagen vorhanden. Beim Jungen dagegen werden die Samen erst von der Pubertät an gebildet.

Ist das Kind bereit für die Geburt, beginnt die Gebärmutter, sich in einem gewissen Rhythmus zusammenzuziehen. Das nennt man Wehen. Damit will der Körper der Mutter dem Kind auf die Welt verhelfen. Beim ersten Baby dauert die Geburt vom Beginn der regelmäßigen Wehen an sechs bis neun Stunden. Bei weiteren Geburten ist diese Zeit normalerweise kürzer. Bei einer normalen Geburt dauert es etwa zwanzig Minuten, bis das Köpfchen herausgekommen ist. Danach ist das Schlimmste für die Frau schon fast vorbei.

Eine Geburt ist für die Frau eine enorme Leistung. Sie ist der einzige natürliche Vorgang im Leben der Menschen, der mit zum Teil starken Schmerzen verbunden sein kann. Das liegt daran, dass die Geburtswege – also Gebärmuttermund und Scheide – eng sind und der Kopf des Babys relativ groß ist. Werdende Mütter können sich mit Entspannungs- und Atemübungen auf die Geburt vorbereiten. So werden sie mit den Anstrengungen besser fertig und können auch den wunderbaren Moment besser genießen, wenn ihr Kind da ist und sie es zum ersten Mal sehen. Den meisten Frauen hilft es, wenn der werdende Vater bei der Geburt dabei ist. Andere finden es besser, wenn ihre Freundin dabei ist oder sie mit der Hebamme allein sind.

Die ersten acht Wochen nach der Geburt nennt man Wochenbett. In dieser Zeit bildet sich die Gebärmutter wieder zurück. Während der Schwangerschaft haben sich in der Brust die Milchdrüsen ausgebildet. Nach der Geburt kann das Baby daher gleich anfangen zu trinken. Es wird normalerweise so viel Milch gebildet, wie das Baby braucht. Je stärker es saugt, desto mehr Milch gibt die Brust.

Jede Frau, die es möchte, kann ihr Baby stillen – von ganz wenigen Ausnahmen abgesehen. Die Form und Größe der Brust spielen dabei keine Rolle.

// Ich bin schwanger – was nun?

Gerät ein Mädchen trotz aller guten Vorsätze dennoch in die Lage, ungewollt schwanger zu werden, ist das besonders schwierig für sie. Dennoch hat es jetzt wenig Sinn, sich oder dem Partner Vorwürfe zu machen, denn an dieser Stelle muss zügig eine Lösung gefunden werden. Die kann darin bestehen, das Kind zu bekommen, zur Adoption freizugeben, selbst großzuziehen oder einen Abbruch einzuleiten. Ganz wichtig dabei ist, dass man sich jemandem anvertraut. Das können die Eltern, Freunde oder Mitarbeiter einer Beratungsstelle sein. Es ist einfacher, wenn man nicht alles mit sich allein ausmachen muss.

Was für ein Mädchen die beste Lösung ist, kann kein Außenstehender entscheiden. Auch wozu es sich letztlich entschließt, kann von anderen nicht als gut oder schlecht beurteilt werden. Solltest du dich in dieser Situation befinden, kannst du dir von anderen raten, solltest dir aber nicht hineinreden lassen. Du darfst dich weder zur Abtreibung noch zum Austragen des Kindes zwingen lassen. Und natürlich auch nicht zu einer Heirat, einer unerwünschten Verbindung mit dem Partner oder zu einer Adoption. Du ganz allein musst letztlich mit deiner Entscheidung zurechtkommen. Bei deiner persönlichen Entscheidung für oder gegen ein Kind musst du ja vor allem deine Zukunftsaussichten, deine Wünsche und Träume, deine beruflichen und privaten Vorstellungen, deine Neigungen und Abneigungen mit berücksichtigen.

Wenn du dich zu einer Abtreibung entschließt, heißt das nicht, dass du unmoralisch bist, später keine Kinder mehr bekommen kannst, dass du keine Kinder magst, dass du deinen Partner nicht liebst oder gar, dass du Abtreibungen gut findest. Ein Schwangerschaftsabbruch ist niemals eine Kleinigkeit, sondern zugleich ein körperlicher und seelischer Eingriff. Die meisten Frauen müssen in einer solchen Situation mit einem Chaos von Gefühlen, Stimmungsschwankungen und Überlegungen fertig werden. Auch ein schlechtes Gewissen und eine religiöse Einstellung können diese Entscheidung sehr quälend werden lassen.

Wer sich zu einem Abbruch der Schwangerschaft entschlossen hat, sollte so rasch wie möglich handeln. In den ersten zehn bis zwölf Wochen ist er mit den wenigsten Gesundheitsrisiken verbunden. In Deutschland ist eine Abtreibung – von wenigen Ausnahmen abgesehen – ohnehin nur bis zur zwölften Woche erlaubt, in Österreich ebenso. Außerdem ist sie an einige gesetzliche Vorschriften gebunden: So darf ein Abbruch nur nach einer vorhergehenden ausführlichen Beratung vorgenommen werden. Die betroffene Frau muss vorher über alle Folgen und Möglichkeiten informiert werden. Vor allem sollte sie erfahren, welche Hilfen ihr zustehen, wenn sie das Baby bekommt. Denn es sollte kein Kind nur aus dem Grund nicht geboren werden, weil die werdende Mutter nicht weiß, wie sie finanziell über die Runden kommen soll. Wie das im Einzelnen vonstattengeht, erklären die Fachleute der Beratungsstelle oder der behandelnde Arzt.

Der Eingriff selbst ist unangenehm, aber körperlich gesehen nicht besonders schwerwiegend. Er kann medikamentös vorgenommen werden, was sehr langwierig und quälend ist. Meist wird unter lokaler Betäubung der Muttermund vorsichtig geweitet und das Gewebe abgesaugt. Das dauert etwa zehn Minuten. Danach muss die Frau ein bis zwei Stunden liegen und unter ärztlicher Aufsicht bleiben. In den nächsten zwei bis drei Tagen sollte sie sich schonen, viel liegen und möglichst nichts Schweres tragen. Nach einer Woche ist eine Nachkontrolle erforderlich. Selbst wenn der Eingriff eine Erleichterung bedeutet, so heißt das nicht, dass es nicht mehr wehtut und dass eine Frau nicht noch um die verlorene Möglichkeit trauert. Auch deswegen ist die Beratung so wichtig. Du kannst diese Gespräche auch ruhig noch nach dem Eingriff in Anspruch nehmen.

// Ist Aids noch eine Bedrohung?

Aids verbreitet sich nach wie vor, und zwar nicht nur, wie immer noch manche glauben, bei Homosexuellen, sondern auch bei heterosexuellen Menschen, die keinen Kontakt zur Drogenszene, zur Beschaffungsprostitution oder zu homosexuellen Kreisen haben.

Der Krankheitserreger – das sogenannte HI-Virus – wird vor allem beim Geschlechtsverkehr übertragen. Frauen werden durch Männer wesentlich leichter angesteckt als umgekehrt, und junge Mädchen sind ganz besonders gefährdet, weil ihre Scheidenwände noch durchlässiger sind als die von älteren Frauen. Forscher haben festgestellt, dass junge Mädchen besonders gefährdet sind, wenn sie von einem mit dem Aids-Virus infizierten Mann entjungfert werden und dabei bluten.

Deswegen musst du dich natürlich unbedingt vor einer Ansteckung schützen. Hierzu gibt es die Möglichkeit, ein Kondom zu verwenden. Nur: Du musst es auch tun! Und zwar unbedingt! Du hast das Recht, an dich selbst zu denken. Lass dir da nichts anderes weismachen – etwa von jemandem, der dich zu einem leichtsinnigen Verhalten überreden will. Die Entscheidung, ob du mit jemandem schläfst und mit wem, liegt ganz allein bei dir! Du bestimmst auch, was ihr miteinander macht! Du hast sehr wohl auch das Recht, darauf zu bestehen, dass ihr Kondome verwendet.

Aids nimmt unter den sexuell übertragbaren Krankheiten eine Sonderstellung ein, weil der Krankheitserreger besonders ansteckend ist. Über kurz oder lang bringt er die körpereigene Krankheitsabwehr zum Erliegen. Nach Ausbruch der Krankheit kann der Körper keine Krankheitserreger mehr abtöten, mit denen er sonst spielend fertig würde. Was einem gesunden Menschen nichts ausmacht – etwa eine Erkältung oder eine Bronchitis –, kann für Aids-Kranke zur todbringenden Katastrophe werden. Deswegen hat man die Krankheit auch »Erworbene Schwäche des Immunsystems« (englisch: Acquired immune deficiency syndrome, woraus sich die Abkürzung »Aids« ergibt) genannt.

Die HI-Viren nisten sich ausgerechnet in den Zellen des Abwehrsystems ein, vermehren sich in ihnen und vernichten sie irgendwann. Man sagt zwar, nach der Ansteckung schlummern sie in den Zellen des Menschen bis zum Ausbruch der Krankheit. In Wirklichkeit verrichten sie dort aber ein zerstörerisches Werk. Sie vernichten das Immunsystem von innen heraus, sodass es irgendwann total zusammenbricht. Vor einiger Zeit hatte man noch gehofft, dass nicht bei jedem mit dem Virus infizierten Menschen die Krankheit auch wirklich ausbrechen müsste. Doch nach heutigem Kenntnisstand bleibt keiner davon verschont. Man kann den Ausbruch mit verbesserten Medikamenten ziemlich lange aufhalten, aber nur selten verhindern. Natürlich wird ständig fieberhaft an neuen Arzneien und Impfstoffen geforscht.

Übertragen wird das Aids-Virus durch Blut, Samenflüssigkeit und durch die Feuchtigkeit der Scheide. Der Hauptübertragungsweg ist Geschlechtsverkehr. Nach allem, was man heute weiß, reicht schon ein einziger sexueller Kontakt mit einer HIV-positiven Person für eine Ansteckung aus. Frauen sind dabei zwanzigmal gefährdeter, weil die infizierte Samenflüssigkeit direkt in die Scheide gelangt. Durch die zarte Haut gelangen die Viren ins Blut – auch ohne dass in der Scheide Verletzungen sein müssen. Während der Monatsblutung ist die Gefahr erhöht, sich beim Geschlechtsverkehr anzustecken.

Speichel und Tränen sind nicht ansteckend. Es ist weltweit kein einziger Fall bekannt geworden, bei dem das Virus durch Küssen übertragen wurde. Auch Petting ist ungefährlich. Wichtig scheint es allerdings zu sein, dass der Mann seinen Samenerguss nicht im Mund der Frau hat.

Ungeklärt ist noch, warum manche Frauen sich schon nach einem einmaligen ungeschützten Geschlechtsverkehr anstecken, andere wiederum nicht, obwohl sie regelmäßig ohne Kondom mit einem infizierten Partner schlafen.

Bereits vorhandene Geschlechtskrankheiten oder Verletzungen erleichtern die Ansteckung. Deshalb ist Analverkehr besonders gefährlich, bei dem das Glied in den Darmausgang der Partnerin oder des Partners eingeführt wird. Da diese Körperöffnung nicht allzu dehnbar ist, reißt sie leicht ein. So gelangt das Virus direkt in die Blutbahn. Da der Analverkehr besonders häufig von homosexuellen Männern praktiziert wird, ist das ihre größte Gefahrenquelle – vor allem wenn sie sehr aggressive Sexualpraktiken bevorzugen.

Auch Drogensüchtige, die gemeinsam ein Besteck verwenden, sind hochgradig gefährdet. Hier kommt erschwerend das Risiko hinzu, dass viele Drogensüchtige sich als Prostituierte oder Stricher Geld beschaffen. Über ihre Kunden – meistens ganz normale Männer und Familienväter –, die sich nicht mit einem Kondom schützen, ist das HI-Virus immer weiter in die Bevölkerung einmarschiert. Viele solcher Männer verheimlichen ihre Kontakte zu Prostituierten oder Strichjungen, ihre Sexurlaube in Ländern der Dritten Welt oder auch ihre Ansteckung. Diese Männer sind der einzig wirklich hoffnungslose Fall in der Aids-Vorbeugung!

Genau da lauert die Gefahr für Frauen: Keinem Mann ist anzusehen, ob er drogenabhängig war, ob er auf den Strich geht, bisexuell oder aidsinfiziert ist. Um auf Nummer sicher zu gehen, gibt es nur eine Lösung: darauf zu bestehen, dass ein Kondom verwendet wird. Am besten ist es, selbst immer eins in der Tasche zu haben. Das ist nicht übervorsichtig, sondern überlebenswichtig.

Freundschaftliche Umarmungen und Wangenküsse sind nicht ansteckend. Auch Niesen und Husten sind keine Gefahr. In der Schule, beim Sport, in der Sauna, im Schwimmbad, auf Toiletten und in fremden Duschen: keine Gefahr! Haustiere und Mücken sind keine Ansteckungsquelle. Die menschliche Nähe zu Aids-Infizierten oder -Kranken ist mit keinem Risiko verbunden. Sie brauchen ganz besonders viel Zuwendung und Verständnis. Bösartige Bezichtigungen sind sinnlos und ungerecht. Wir alle müssen lernen, damit umzugehen.

Amerikanische Aids-Experten haben für Jugendliche in Bezug auf Aids sechs ganz wichtige Regeln aufgestellt, die man sich zu Herzen nehmen sollte und die vielleicht auch für dich ein Anhaltspunkt sein könnten:

1. Du hast das Recht, für dich selbst zu denken! ·
2. Du hast das Recht auf Sex. Und die Entscheidung, ob du mit jemandem schläfst und mit wem, liegt ganz allein bei dir! Du bestimmst auch, was ihr miteinander macht!
3. Du hast das Recht, dich beim Sex zu schützen!
4. Du hast das Recht, Kondome zu kaufen und zu benutzen. Und du hast allen Grund, stolz darauf zu sein, wenn du das tust!
5. Du hast das Recht, darauf zu bestehen, dass ihr Kondome verwendet!
6. Du hast das Recht, um Hilfe zu bitten, wenn du sie brauchst!

Bereits vor Jahren warnte ein amerikanischer Aids-Wissenschaftler, dass Aids demnächst eine Familienkrankheit werde. In einigen afrikanischen Ländern hat sich dies auf entsetzliche Weise bereits bewahrheitet. Hunderte von Familien wurden durch die Krankheit ausgerottet, unzählige Menschen sterben täglich unter großen Qualen. Es wird geschätzt, dass beispielsweise in Thailand schon mehr als die Hälfte aller Prostituierten – fast ausschließlich sehr junge Mädchen oder Kinder – das Virus in sich trägt.

Hier schließt sich der Kreis für uns: Jährlich fliegen etwa 300 000 deutsche Männer in dieses »Sexparadies«, wo sie Kinder finden, die ihnen zu Willen sind, um ihre Familien durchzubringen. Die wenigsten Sextouristen verhüten mit Kondomen. Sie sind damit nicht nur für das Elend in jenen Ländern zuständig. Auch der Babystrich bei uns lebt von diesen verantwortungslosen Männern. Das bedeutet wiederum, dass sich das Risiko ihrer oft nichts ahnenden Freundinnen und Frauen dramatisch erhöht, sich unbemerkt anzustecken. Infizierte schwangere Frauen können zudem während der Geburt und beim Stillen ihr Baby anstecken.

// Ist es sinnvoll, einen Aids-Test zu verlangen?

Manche Menschen glauben allen Ernstes, dass man Leuten ansehen könnte, ob man sich bei ihnen ansteckt oder nicht. Das ist gefährlicher Unsinn. Sich von einem Jungen nachweisen zu lassen, dass er bei einem Aids-Test war, ist allerdings auch nur eine trügerische Sicherheit. Denn der derzeit gebräuchliche Test sagt nicht, ob und wann jemand an Aids erkrankt. Er weist nicht den Aids-Erreger nach, sondern nur die Reaktion des Körpers auf einen Kontakt mit dem Virus. Diese Körperantwort tritt erst nach zwölf Wochen auf. Das Testergebnis sagt nur etwas über Kontakte aus, die drei Monate und länger zurückliegen. Alle »frischeren« Infektionen werden dadurch nicht erfasst.

Einen Test zu machen, wird all denjenigen geraten, die für sich selbst ein hohes Risiko befürchten: Homosexuelle Männer, die ständig wechselnde Partner haben, Drogenabhängige, die dasselbe Besteck benutzen, Frauen, die wissen, dass ihr Partner bisexuell oder drogenabhängig ist, und Sex-Touristen. Es geht dabei immer um einen eindringenden, ungeschützten Geschlechtsverkehr, nicht um Zärtlichkeiten! Wer nach einem One-Night-Stand – ungeschützter Verkehr mit einem Unbekannten – einen Test erwägt, muss zwölf Wochen abwarten.

Jeder Infizierte – egal, ob er von seiner Ansteckung weiß oder nicht – kann andere Menschen anstecken. Damit trägt jeder Mensch nicht nur für sich selbst Verantwortung, sondern für alle Menschen, mit denen er zu tun hat. Oder auch für Kinder, die noch geboren werden sollen. Wenn nicht jeder Einzelne diese Verantwortung übernimmt, wird die Krankheit nie eingedämmt werden.

Die Empfehlung von Aids-Experten an junge Leute: Wenn zwei Menschen mit »sexueller Vergangenheit« sich kennen- und lieben lernen und zusammenbleiben wollen, sollten sie einige Monate nur mit Kondom Sex haben und sich dann testen lassen. Danach können sie gemeinsam in eine unbelastete Zukunft treten.

Einen Test kann man beim Hausarzt oder Frauenarzt machen lassen. In den öffentlichen Aids-Beratungsstellen ist der Test anonym und kostenlos. Hier sind im Ernstfall – also bei einem positiven Testergebnis – auch erfahrene Beratungspersonen da, die einem in dieser schweren Krise helfen können. Sie wissen, wie man trotz aller Ängste die notwendigen Entscheidungen treffen kann.

Sollte der Test tatsächlich positiv ausfallen, sind die Ärzte allerdings dazu verpflichtet, den Krankheitsfall dem Gesundheitsministerium zu melden.

// Wie schütze ich mich vor Geschlechtskrankheiten?

Das Kondom schützt auch vor anderen Krankheiten, die beim Geschlechtsverkehr übertragen werden – den sogenannten sexuell übertragbaren Krankheiten (STD = sexually transmitted diseases). Das Ansteckungsrisiko erhöht sich mit jedem neuen Partner. Denn der Körper muss bei jedem Samenerguss jeweils mit neuen und anderen Bakterien fertig werden. Da sich der Körper immer wieder mit anderen Anfechtungen auseinandersetzen muss, kann das Abwehrsystem des Organismus allmählich in Mitleidenschaft gezogen werden. Das ist der Grund dafür, warum der ersten Infektion meist weitere folgen und sich oft mehrere Keime aufeinandersetzen. Außerdem haben Mediziner festgestellt, dass Mädchen mit häufig wechselnden Partnern vermehrt zu Gebärmutterhalskrebs neigen. Als ein Grund dafür wird die Reizung des Gewebes durch wiederholte Entzündungen angenommen. Die gefürchtete Folge ist, dass die junge Frau keine Kinder mehr bekommen kann. Inzwischen gibt es eine Impfung, die einen Gebärmutterhalskrebs zwar nicht ausschließt, aber das Risiko um ein Vielfaches vermindert. Die Krankenkasse übernimmt die Kosten dieser Impfung bei Mädchen zwischen 12 und 17 Jahren. Damit die volle Wirksamkeit gegeben ist, muss man sich allerdings unbedingt vor dem ersten Sex impfen lassen. Lass dich dazu bei deinem Frauenarzt beraten!

Eine der häufigsten sexuell übertragbaren Krankheiten, vor allem bei Jugendlichen, sind Chlamydieninfektionen. Da es für sie nur kleine Anzeichen gibt, werden sie oft übersehen und unwissentlich weitergegeben. Eitriger Ausfluss aus Scheide oder Po, Schmerzen beim Urinieren, beim Sex und/oder Zwischenblutungen sind die Anzeichen, bei denen du zügig zum Arzt gehen solltest. Selbst wenn die Beschwerden vorher weniger werden, die Infektion kann noch im Körper sein und dich weiterhin gefährden.

Auch Filzläuse werden beim Sex übertragen. Diese sind jedoch nicht zu übersehen und verursachen starken Juckreiz. Ihre Ausscheidungen verursachen oft rostbraune Flecken im Slip. Sie sind vergleichsweise harmlos, müssen aber mit einem chemischen Mittel abgetötet werden.

Die klassischen Geschlechtskrankheiten sind Gonorrhoe (besser bekannt als »Tripper«) und Syphilis. Früher sind viele Menschen daran gestorben. Heute kommen sie eher selten vor und können durch verbesserte medizinische Möglichkeiten sogar geheilt werden. Doch sie sind beileibe nicht ausgerottet, sondern gerade wieder auf dem Vormarsch. Auch mit Hepatitis B kann man sich durch Geschlechtsverkehr anstecken, allerdings sind die meisten schon als Kind dagegen geimpft worden. Wenn du das nicht weißt, schau in deinen Impfausweis oder frag deine Eltern.

Durch Geschlechtsverkehr werden auch Pilze, Viren, Trichomonaden und bakterielle Erreger weitergegeben. Sie können lästige Beschwerden wie Juckreiz, Ausfluss und Brennen beim Wasserlassen hervorrufen. Wenn sie nicht behandelt werden, kann es passieren, dass die betroffenen Frauen unfruchtbar werden.

Du kannst dich hauptsächlich bei direkten sexuellen Berührungen anstecken, also beim Geschlechtsverkehr. Die meisten Erreger sterben außerhalb des Körpers rasch ab. Eine Übertragung durch Toilettenbrillen oder gemeinsame Duschen etwa ist deshalb nicht möglich – mit Ausnahme von Pilzen. Die tückischen kleinen Dinger überleben auch in Schwimmbädern, Saunen und Sportanlagen. Wahrscheinlich sind sie in jedem Menschen vorhanden, ohne sich bemerkbar zu machen. Pilze werden ebenso wie Warzen und Herpes durch Viren übertragen, die sich drastisch vermehren können, wenn das Immunsystem geschwächt ist. Falsche Ernährung, Nikotin, Stress, Kummer, Ärger, zu wenig Bewegung und Entspannung schaden der Abwehrkraft.

Besonders gefürchtet sind Warzenviren, denen die Entstehung von Gebärmutterhalskrebs zur Last gelegt wird. Alle Unterleibsinfektionen können schwerwiegende Folgen nach sich ziehen, unter anderem Unfruchtbarkeit.

Wenn du oder dein Arzt eine Geschlechtskrankheit festgestellt habt, musst du unbedingt deinen bzw. alle Partner, mit denen du Sex hattest, darüber informieren, auch wenn es peinlich ist. Es geheim zu halten, wäre mehr als verantwortungslos, da sich sonst immer mehr Personen anstecken würden.

Wer generell ein Kondom benutzt und auch sonst etwas auf sich aufpasst, erspart sich eine Menge Unannehmlichkeiten und kann unbeschwerter durchs Leben gehen.

// Ich wurde missbraucht – wo finde ich Hilfe?

Sexuelle Gewalt gegen Kinder und Jugendliche ist leider verbreiteter, als es allgemein wahrgenommen wird. Glücklicherweise wird das Schweigen heute häufiger gebrochen und das Unrecht strafrechtlich verfolgt. Kaum ein Tag vergeht, an dem wir nicht aus Zeitungen oder in unserem Umfeld von neuen Fällen hören. Die Zahl der Betroffenen, die den Missbrauch öffentlich machen und die Täter verfolgt sehen wollen, wächst. Auch Jungen sind Opfer sexuellen Missbrauchs, ebenso wie Frauen als Täterinnen infrage kommen.

Seltener passiert der Sex gegen den eigenen Willen mit völlig Unbekannten. Recht häufig sind es Männer aus der eigenen Familie, nicht selten sogar der eigene Vater. Es ist nicht schwer, sich vorzustellen, was das für ein Mädchen bedeutet. Damit wird ihm zum einen gegen seinen Willen eine noch nicht altersgemäße sexuelle Erfahrung aufgezwungen – meist unter Einsatz körperlicher Gewalt. Zum anderen findet dies mit einer Person statt, die eigentlich eine Vertrauensperson sein soll. Da fällt es natürlich besonders schwer, sich jemandem anzuvertrauen.

Ein älteres Familienmitglied hat meist aufgrund seiner Körperstärke und seiner Stellung in der Familie so viel Macht, dass Abwehr oder Gegenwehr kaum möglich ist. Natürlich sollte das Mädchen erst mal versuchen, mit seinen nächsten Vertrauenspersonen, also der Mutter, Schwester oder Oma zu reden. Manchmal kommt es aber vor, dass Verwandte etwas so Schreckliches nicht wahrhaben wollen und sich davor schützen, indem sie blockieren und dem Mädchen vielleicht sogar unterstellen zu lügen. Das ist natürlich eine zusätzliche Verletzung für das Mädchen, zudem fühlt es sich auf einmal selber schuldig, obwohl es das Opfer ist.

Typisch für den sexuellen Missbrauch in der Familie ist die Wiederholung und der Druck der Geheimhaltung. Manchmal geht diese Qual über viele Jahre hinweg. Viele Mädchen sehen oft erst in der Pubertät, wenn sie selbst erwachsen werden, die Möglichkeit, darüber zu sprechen und dem Teufelskreis zu entfliehen.

Jedes Mädchen, jede Frau kann gegen ihren Willen zum Sex gezwungen, kann Opfer einer Vergewaltigung werden. Keine kann jedoch etwas dafür. Es ist und bleibt ein unerlaubter Übergriff und damit ein kriminelles Delikt. Und zwar völlig unabhängig davon, wie die Frau aussieht, wie sie angezogen ist, im Mini oder hochgeschlossen, und wie sie sich verhalten hat, aufreizend oder desinteressiert.

Wer Opfer einer Vergewaltigung wurde, braucht unbedingt Hilfe. Ist es tatsächlich der Fall, dass in der eigenen Familie niemand in der Lage ist zu helfen, können sich Opfer sexuellen Missbrauchs an spezielle Hilfseinrichtungen für Mädchen und Frauen wenden (Adressen findest du ab Seite 159), in denen sie von Menschen aufgenommen werden, die mit vergleichbaren Fällen Erfahrungen gemacht haben. Hier können sie meistens eine Weile unterkommen, bis sie wissen, was zu tun ist, hier lernen sie Frauen kennen, die gerade Ähnliches durchmachen, und können über ihre Gedanken und Gefühle sprechen. Oft werden auch Trainingskurse für alle Interessierten angeboten, in denen Schutzverhalten für bestimmte Gefahrenmomente eingeübt wird.

Sexuelle Gewalt hat fast immer Auswirkungen auf die spätere Partnerschaft bis hin zur Unfähigkeit, sich in einer Beziehung zu einem Mann wohlzufühlen. Je eher über die Vergewaltigungen gesprochen wird und ein Mädchen Menschen findet, die ihm wieder Halt und Vertrauen geben, desto besser sind jedoch seine Chancen, das Erlebte zu verarbeiten.

// familie & freunde

Bin ich schuld daran, dass meine Eltern sich nicht verstehen?
Kinder sind daran niemals schuld.

Warum verbieten mir meine Eltern so viel?
Sie müssen sich erst daran gewöhnen, dass du selbstständiger wirst.

Warum interessieren sich meine Eltern nicht für mich?
Im Alltag können viele Dinge zusammenkommen, die dir dieses Gefühl geben, doch in den meisten Fällen stimmt das nicht.

Ist Streit mit den Eltern unvermeidbar?
Sehr wahrscheinlich, ja.

Was muss ich in sozialen Netzwerken im Internet beachten?
Grundsätzlich gilt: Weniger ist mehr! Stündliche Posts über das momentane Befinden nerven. Bedenke auch, dass Lehrer, Eltern und spätere Arbeitgeber deine Einträge lesen könnten.

Dürfen andere Fotos von mir posten, ohne meine Erlaubnis?
Nein! Es gibt ein Recht am eigenen Bild. Wenn du die Sache nicht privat regeln kannst, kannst du Anzeige bei der Polizei erstatten.

// Warum komme ich jetzt oft mit meinen Eltern nicht klar?

So wie du vieles in deiner Umwelt jetzt anders wahrnimmst, wirst du deine Eltern zum ersten Mal richtig mit ihren Stärken und Schwächen sehen. Als Kind fandest du bestimmt alles ganz in Ordnung, was sie sagten und taten. Nun wird dir verständlicherweise nicht mehr alles gefallen. In der Übergangszeit kann es deshalb für euch sehr problematisch sein, miteinander umzugehen.

Die meisten Schwierigkeiten sind jedoch ganz einfach zu verstehen: Die Eltern geben sich Mühe, ihre Kinder so zu erziehen, dass sie später gut und eigenständig durch das Leben kommen. Dafür sind sie verantwortlich, bis ihr Kind wirklich auf eigenen Beinen stehen kann. Bislang waren die Eltern verpflichtet, alles für ihr Kind zu entscheiden, zu organisieren und zu planen. Diese elterlichen Verhaltensmuster haben sie sich, als du geboren wurdest, antrainieren müssen. Nun müssen sie sie langsam wieder abtrainieren. Das geht nicht von heute auf morgen. Es ist für die Eltern eine schwierige Situation: Denn ihr Kind kann sich an manchen Tagen sehr erwachsen verhalten, an anderen wiederum überhaupt nicht. Und oft verschätzt und überschätzt es sich auch. Kinder und Jugendliche brauchen ihre Eltern oft länger und stärker, als sie es zugeben wollen. Es bleibt ein großes Bedürfnis nach Schutz, Geborgenheit und Anlehnung. Die Eltern und die Familie sind wichtig, wenn es darum geht, Krisen zu verkraften: erste Liebesenttäuschungen zu betrauern und zu überwinden, schlechte Schulnoten zu bewältigen oder Streit mit Freunden zu überstehen. Du hast wahrscheinlich oft das Gefühl, deine Eltern würden sich in alles einmischen und dich wie ein kleines Kind behandeln. Ihre Meinungen findest du vielleicht manchmal dumm, und du ärgerst dich darüber. In manchen Dingen können sie aber tatsächlich den besseren Überblick haben, auf alle Fälle haben sie mehr Erfahrung.

Dein Freiraum muss jedoch so groß sein, dass du eigene Erfahrungen sammeln kannst – auch außerhalb dessen, was in der Familie als normal und üblich gilt. Und manchmal eben auch außerhalb dessen, was deine Eltern gut finden und billigen (würden, wenn sie es wüssten ...).

Sind Eltern andererseits zu stark mit sich selbst beschäftigt – etwa mit Beziehungsproblemen oder Geldsorgen –, werden sie manchmal wenig Zeit, Verständnis oder sogar wenig Interesse für die Probleme ihrer Kinder aufbringen können. Das kann sehr kränkend sein, das Selbstbewusstsein anknacksen oder Wut und Aggression hervorrufen.

Es kann sein, dass du der vielen Reibereien mit ihnen irgendwann überdrüssig bist und so schnell wie möglich aus dem Haus möchtest. Wahrscheinlich wird das jedoch nicht so schnell gehen. Du musst ohnehin auf deinem Weg ins Erwachsenenleben lernen, mit völlig unterschiedlichen Menschen auszukommen – auch mit solchen, die du nicht besonders gut leiden kannst. Wenn du mit deinen Eltern überhaupt nicht klarkommst, solltest du versuchen, mit anderen Erwachsenen zu sprechen – etwa mit anderen Verwandten, einem Lehrer, einer Lehrerin, einer Nachbarin oder den Eltern eines Freundes oder einer Freundin. Es können auch Angehörige einer Beratungsstelle sein. Du erhältst von ihnen kostenlos Rat und Hilfe. Außerdem haben sie sich zum Stillschweigen verpflichtet. Du kannst aber auch mit einem Schüleraustauschjahr etwas Abstand von deiner Familie bekommen, und eines ist dabei sicher: Du kehrst mit einem ganz anderen Gefühl für sie wieder zurück (siehe Kapitel auf Seite 127).

Klar ist, dass du mit einem endgültigen Auszug von zu Hause deine Probleme wahrscheinlich nicht gelöst bekommst. Denn so lange du einen festen Rahmen und feste Spielregeln hast, mögen sie dir noch so lästig sein, wirst du Schule oder Lehre besser bewältigen können. Wenn du auf eigenen Füßen stehst, musst du für dich selbst sorgen, für dei-

nen Tagesablauf, deine Kleidung, deine Hygiene, dein Essen, dein Geld, deine Ferien. Du solltest dir genau überlegen, ob du für so eine gewaltige Umstellung wirklich schon bereit bist. Wenn du nicht mehr so viele Herausforderungen auf einmal zu meistern hast, wird dir der Schritt in die Unabhängigkeit sicher leichter fallen.

// Warum wollen meine Eltern sich trennen?

Eine glückliche, harmonische Familie, die gemeinsam durch dick und dünn geht, wünschen sich die meisten Menschen – Erwachsene ebenso wie Kinder. Leider kommt es häufiger vor, dass es im häuslichen Zusammenleben der Eltern zeitweilig oder dauerhaft ernste Probleme gibt. Getrennt lebende Eltern sind heute nichts Ungewöhnliches mehr.

Familien, die sich neu zusammenfinden, sind keine Seltenheit. Sogenannte Patchwork-Familien bringen für die Kinder natürlich Herausforderungen mit sich, an die sie sich in vielerlei Hinsicht erst einmal gewöhnen müssen.

Dass ein Paar irgendwann feststellt, dass es nicht mehr zusammenpasst, kann immer und jederzeit passieren. Nie ist daran nur einer schuld und schon gar nicht die Kinder. Manchmal haben sich die Lebensumstände verändert, manchmal haben sich beide Partner auseinanderentwickelt und sie haben unterschiedliche Vorstellungen von ihrer Zukunft.

Menschen sind unterschiedlich und müssen immer wieder versuchen, sich anderen verständlich zu machen. Das ist normalerweise spannend, kann bei manchen Menschen eben aber auch schieflaufen. Wenngleich eine Trennung etwas ist, was zunächst die Eltern betrifft, so ist sie doch für die Kinder eine der schwersten Erschütterungen in ihrem bisherigen Leben. Das liegt unter anderem daran, dass der Trennung eine Zeit vorausgeht, in der sich Spannungen und Streit durch den Alltag ziehen und die allen Beteiligten schwer an den Nerven zehrt.

Je kleiner ein Kind ist, umso eher hat es das Gefühl, es wäre in irgendeiner Weise mitschuldig an der Trennung seiner Eltern. Das stimmt natürlich nicht, kein Kind kann etwas für den Streit zu Hause. Wenn sich die Eltern trennen, bedeutet das nicht, dass sie ihre Kinder nicht mehr lieb haben und nichts mehr von ihnen wissen wollen. Das gilt auch für den Elternteil, der die Familie verlässt. Fast alle Kinder reagieren verletzt oder wütend auf ihn, fühlen sich allein gelassen. Man kann aber sicher sein, dass es dem Weggehenden genauso schwerfällt. Ganz wichtig ist es, sich vor Augen zu halten, dass man seine Eltern ja nicht wirklich durch eine Trennung verliert. Es handelt sich im Endeffekt doch meist nur um eine zeitliche und räumliche Trennung von Vater oder Mutter.

Wenn Eltern auseinandergehen, gilt es oft vor allem für Jugendliche, zu entscheiden, bei wem sie künftig wohnen wollen. Oft haben sie Angst davor, den Elternteil zu verletzen, bei dem sie nicht wohnen wollen, und befinden sich in größten emotionalen Schwierigkeiten. Oder sie haben Angst, bei dem Elternteil leben zu müssen, den sie weniger gerne mögen oder bei dem es unbequemer ist für sie. Das ist alles völlig normal. Es gibt eine Menge wichtiger Gründe für die Entscheidung für die eine oder andere Seite. Bei den Fragen, wer von den Eltern das Sorgerecht bekommt und wo das Kind leben möchte, haben Jugendliche ab 14 Jahren ein Mitspracherecht. Die Familienrichter berücksichtigen das bei ihrer Entscheidung. Sehr oft wird den Eltern heute gemeinsam das Sorgerecht eingeräumt. Im Gegensatz zu früher können Jugendliche ab 14 Jahren nicht mehr gezwungen werden, den getrennt lebenden Elternteil zu besuchen. Im Streitfall wird die Frage um das Sorgerecht vom Gericht entschieden.

Meist ist mit der Trennung der Eltern auch ein Orts- oder Schulwechsel verbunden. Kinder haben auf alle Fälle ein

Mitspracherecht, denn schließlich geht es ja auch um ihre Zukunft. Wenn die Eltern davon nichts hören wollen, ist es sinnvoll, außenstehende Erwachsene um Rat zu fragen. Ansprechpartner findet man beispielsweise beim Jugendamt, das wird sowieso informiert, wenn über Kinder gestritten wird. Möglich ist auch, dass der Richter dich selbst dazu befragen will.

Es tut gut, sich mit Freunden und Freundinnen auszusprechen. Wahrscheinlich sind unter ihnen einige, deren Eltern sich ebenfalls getrennt haben und die diese Situation ganz gut überstanden haben.

Das schlimmste Ereignis ist jedoch wohl, wenn ein Elternteil stirbt. Gleichgültig, ob dem Tod eine lange Krankheit vorausging oder ob er plötzlich über einen hereinbricht, es ist nur schwer zu fassen. Die Endgültigkeit des Todes – die Tatsache, dass Vater oder Mutter nie wieder da sein werden – zu verkraften, ist überaus schwer. Die restlichen Familienmitglieder rücken dann meist besonders stark zusammen. Das ist gut, weil die körperliche Nähe und Wärme von anderen Menschen besonders tröstlich sind. Sie sprechen dann von dem toten Menschen, der ja im Geiste immer noch da ist. Zusammen zu weinen und zu trauern, ist meist eine große Erleichterung. Besonders schwer ist es, wenn der übrig gebliebene Elternteil so in seinem Schmerz versinkt, dass das Kind völlig auf sich allein gestellt ist und mit allem allein fertig werden muss.

Eine Halbwaise muss nach dem Tod von Vater oder Mutter in aller Regel zu Hause mehr Verantwortung und Pflichten übernehmen. Entweder gibt es kleinere Geschwister, die versorgt werden müssen, oder der hinterbliebene Elternteil braucht besonders viel Unterstützung und Beistand. Aktivität und Hilfe für andere kann ebenfalls über den Schmerz hinweghelfen.

// Warum mögen meine Eltern meine Freunde nicht?

Die meisten Heranwachsenden haben schnell keine Lust mehr, so viel wie früher mit der Familie zu machen. Sie genügt ihnen einfach nicht mehr. Sie möchten allein sein oder mit Freunden etwas unternehmen, von denen sie sich besser verstanden fühlen. Sie wollen neue Dinge und neue Menschen kennenlernen oder aber einfach unter sich sein. Sie wollen Meinungen austauschen über Musik, Filme, Kleidung, Frisuren, Vorstellungen, Interessen und Ideale.

Die Freunde oder der Freundeskreis sind allerdings nicht selten Anlass für einen heftigen Streit zwischen Eltern und Kindern. Den Eltern sind die Freunde oft nicht gut genug, oder sie mögen sie einfach nicht. Eltern müssen deine Freunde auch nicht alle toll finden. Du solltest verstehen, dass sich deine Eltern einfach nur um dich sorgen, meist meinen sie es nicht böse, wenn sie dir etwas verbieten. Dennoch haben sie kein Recht, respektlos über deine Freunde zu reden. Darauf kannst du sie auf jeden Fall aufmerksam machen, denn das ist natürlich für dich genauso verletzend, immerhin hast du dir deine Freunde ja ausgesucht. Wenn du dich an Abmachungen hältst, also z. B. zur vereinbarten Zeit nach Hause kommst oder eben nur die ausgemachte Zeit am PC verbringst, gewinnst du das Vertrauen deiner Eltern, und sie werden dir automatisch mehr Freiheiten in deiner Freizeit und der Auswahl deiner Freunde lassen. Vielleicht kannst du sie dazu bewegen, sich deine Freunde mal anzuschauen. Sicher haben sie ein Interesse daran, deine Freunde kennenzulernen. Wenn diese dich zu Hause besuchen, können sich deine Eltern selbst davon überzeugen, dass alles in Ordnung ist.

// Warum sind mir meine Eltern auf einmal peinlich?

Die meisten Teenager finden ihre Eltern während der Pubertät peinlich. Vielleicht ist es dir auch schon passiert, dass du dich vor deinen Freunden geschämt hast, wenn deine Eltern dich in der Öffentlichkeit geküsst, von Schule oder Sport abgeholt haben. Viele schämen sich auch, wenn die Eltern sich nicht modisch genug kleiden, wenn sie sich mit den Freunden unterhalten, womöglich noch dabei versuchen, deren Sprache zu imitieren oder – absolutes No-Go – Essen ins Zimmer bringen, wenn Freunde zu Besuch sind.

Weil Familien von Außenstehenden oft als Ganzes wahrgenommen werden, fürchtet man, dass das Verhalten der Eltern negativ auf einen selbst abfärben könnte, wenn es einmal nicht der Norm, d. h. dem, was man als normal empfindet, entspricht. Dass dies aber ein ganz individuelles Empfinden ist, siehst du daran, dass deine Freunde deine Eltern nett finden können, dich sogar um sie beneiden, während du für sie im Erdboden versinken könntest. Auch der Junge, in den du verliebt bist, wird sich nicht allzu sehr darum scheren, wie deine Mutter aussieht. Es geht ihm ja um dich und weniger um deine Familie.

Unabhängig vom Alter ist das Gefühl des Fremdschämens vergleichbar mit der Scham, die jeder empfindet, wenn er von anderen bloßgestellt wird. Je näher man einem Menschen steht, umso mehr schämt man sich für dessen Handlungen, wenn diese nicht den eigenen Normvorstellungen entsprechen. Es erfordert auf jeden Fall Mut, an den Eltern Kritik zu äußern. In der Regel hält das die Beziehung zwischen Kindern und Eltern aber aus. Sollte dir also etwas peinlich sein, kannst du es deinen Eltern ruhig sagen. Erinnere sie vielleicht an ihre eigene Pubertät, und versuche, dabei nicht ihre Gefühle zu verletzen. Es ist nicht ganz einfach für sie, plötzlich Kritik von dir einstecken zu müssen. Genau wie du sind sie eigenständige Menschen mit eigenem Willen und sollen sich nicht verbiegen müssen. Und genau wie du wollen auch sie mit Respekt behandelt werden. Irgendwann kommt der Tag, an dem sie dir nicht mehr peinlich sind, und bis dahin ist es am besten, die Sache mit Humor zu nehmen.

// Warum kommandieren mich alle herum?

Junge Menschen haben den Drang, sich gegen die von den Eltern auferlegten Zwänge aufzulehnen. Sie rebellieren gegen alles, gegen berechtigte und unberechtigte Vorgaben. Vorschriften im Elternhaus kommen ihnen ebenso blöd vor wie die in der Schule. Auch gewisse gesellschaftliche Spielregeln empfinden sie als Zumutung. Jeder Mensch erlebt in seiner Entwicklung eine solche Phase der Auflehnung gegen die Welt und die Werte der Erwachsenen. Sie dient dazu, sich eine eigene Meinung zu bilden. Nach einer Weile sieht man alles nicht mehr so extrem und ist auch bereit, Zugeständnisse zu machen.

Manche Eltern reagieren etwas angestrengt aus der Sorge heraus, ihr Kind könnte etwas Falsches tun und sich selbst gefährden. Einige wollen tatsächlich nur auf ihrem Recht beharren. Andere sind wirklich etwas rückständig, gerade in Geschmackssachen. Doch die meisten Eltern sind heute eigentlich ganz aufgeschlossen.

Viele Jugendliche haben trotzdem das Gefühl, dass sich ihre Eltern in alles einmischen, sie immer herumkommandieren und ständig wohlmeinende, aber unerwünschte Ratschläge von sich geben. Selbst fortschrittliche Eltern werden ihr Recht auf Einspruch nicht so schnell aufgeben. Das ist zunächst einmal ja reine Gewöhnungssache. Verbote und Auseinandersetzungen kommen in jeder Familie vor. Die Streitpunkte sind in fast allen Familien und zu allen Zeiten die gleichen: Schule, Hausaufgaben, abendliche Ausgangszeiten,

Mithilfe im Haushalt, Taschengeld, Freunde, Bekannte, Kleidung, Frisur, Haarfarbe, Körperschmuck, Drogen, Musik, Geschmack, erste Liebe, Sex.

Willst du die Unterstützung deiner Eltern gewinnen, solltest du sie fragen, wie es denn bei ihnen früher war: Was durften sie? Was nicht? Wie lange durften sie abends weg? Hatten sie nie Schulprobleme? Wie alt waren sie, als sie sich zum ersten Mal verliebt haben? Wie alt waren sie, als sie zum ersten Mal mit jemandem geschlafen haben? Wenn sie dir diese Fragen ehrlich beantworten, werden sie nämlich zugeben müssen, dass vieles bei ihnen ähnlich war, aber auch, dass du in einer Zeit groß wirst, in der sich manches geändert hat.

Versuche, ihre Ansichten vor dem Hintergrund ihrer Lebensgeschichte zu verstehen. Du wirst sehen, dass du dann viel besser und diplomatischer mit ihnen diskutieren kannst. Umso eher wird es dir gelingen, allzu starre Vorschriften langsam aufzuweichen. Wenn sie deine Freundinnen kennenlernen und wissen, was die dürfen, könnte dir das nützlich sein. Wenn du mit zunehmender Selbstständigkeit in der Familie Pflichten übernimmst und deinen Eltern zeigst, wie verantwortungsvoll und zuverlässig du bist, werden sie sich mit deinen Ausflügen in die große, weite Welt besser anfreunden können. Am Ende werden sie stolz auf dich sein.

Mädchen haben meist größere Probleme mit ihren Eltern als Jungen, wenn es darum geht, abends länger ausgehen, woanders übernachten und allein wegfahren zu dürfen. Da es in der Tat für Mädchen gefährlicher sein kann, sich draußen unbeschwert zu bewegen, ist diese beschützende Haltung zum Teil sehr berechtigt. Natürlich darf das dennoch nicht dazu führen, dass ein Mädchen daran gehindert wird, seine Erfahrung in der Welt zu sammeln. Du solltest deinen Eltern möglichst immer sagen, wo du hingehst, am besten für abends noch eine Telefonnummer hinterlassen. Heimkommen solltest du wirklich zur verabredeten Zeit, damit sie wissen, dass sie sich auf dich verlassen können. Mit der Zeit kannst du dann die Ausgehzeiten sicher langsam verschieben.

Mit deinen Geschwistern wirst du jetzt wahrscheinlich gelegentlich auch etwas Stress haben. Dennoch sind sie die Menschen, die dir mit am nächsten stehen und später noch sehr wichtig für dich sein werden. Vielleicht befinden sie sich gerade ebenfalls in einer schwierigen Lebensphase. Wahrscheinlicher ist es aber, dass du jetzt selbst gelegentlich eine echte Zumutung für sie bist. Wenn du das Gefühl hast, deiner Schwester oder deinem Bruder mal zu Unrecht auf die Füße getreten zu sein, solltest du dich entschuldigen. Dadurch vergibst du dir nichts und schaffst die Möglichkeit, wieder freundschaftlich miteinander auszukommen. Vielleicht könnt ihr euch gemeinsam bei den Eltern einsetzen, dass sie strenge Vorschriften lockern.

// Was muss ich bei sozialen Netzwerken beachten?

Wahrscheinlich ist, wie bei den meisten Teenagern, das Internet bereits ein wichtiger und emotionaler Bestandteil deines Lebens geworden. Du bewegst dich in Online-Foren, Blogs, sozialen Netzwerken wie Facebook, Instagram oder Twitter genauso selbstverständlich wie in der realen Welt. Das Internet macht dir das Treffen unendlich vieler Personen rund um den Globus möglich. Das ist super! Es bringt aber auch eine Reihe von Risiken mit sich, denen du aus dem Weg gehen kannst, indem du dich ausreichend informierst.

Viele, vor allem junge Leute, gehen zu offen mit privaten Informationen und Problemen um. Das macht sie zu einem idealen Angriffsziel.

Jeder Mensch kann sich online eine anonyme Identität zulegen und völlig unerkannt im virtuellen Raum agieren. Das macht ein sogenanntes Cybermobbing, im englischen Sprach-

raum Cyberbullying genannt, viel wahrscheinlicher, als wenn dir jemand von Angesicht zu Angesicht gegenüberstehen würde. Potenzielle Opfer sind im Internet viel schneller zu finden als im Alltag. Cybermobbing kann viele Formen haben: in Chats pöbeln oder Geheimnisse ausplaudern, Gerüchte und Lügen über jemanden in die Welt setzen, peinliche Fotos oder Videos in Umlauf bringen, Beleidigungen aussprechen, in sozialen Netzwerken Hassgruppen gründen, gehässige E-Mails verschicken, sich eine falsche Identität zulegen und jemanden zu etwas bringen oder die Identität eines anderen annehmen und andere so täuschen oder verletzen.

Neben dem Internet sind hier auch zunehmend Handys im Einsatz. Die gerade angesagten Sextings werden, vor allem, wenn sie entsprechende Fotos enthalten, weiterverschickt und gelangen dann in kürzester Zeit in die Öffentlichkeit. Ein Albtraum!

Davor schützen kannst du dich am besten, indem du generell keine Nackt- oder anderen Fotos mit empfindlichen Inhalten von dir verschickst und ganz allgemein im Netz nicht zu viel über dich verrätst. Bedenke immer, auch wenn du allein vorm Computer sitzt, das Internet ist ein öffentlicher Raum. Alles, was du postest, können auf Umwegen auch deine Lehrer und künftige Arbeitgeber erfahren. Versuche, nur das zu posten, auf das du wirklich stolz bist und hinter dem du stehen kannst, auch vor Leuten, die du gar nicht direkt angesprochen hast.

Wenn du mitbekommst, dass peinliche Fotos oder Videos über dich im Netz kursieren, kannst du versuchen herauszubekommen, wer sie eingestellt hat. Wenn es jemand aus deiner Schule ist, solltest du den Fall mit einem Lehrer deines Vertrauens besprechen. Du kannst auch den Anbieter der Plattform informieren und verlangen, dass das Foto oder Video gelöscht wird. Es gibt Gesetze, die verbieten, dass du beleidigt wirst oder dass Bilder von dir kursieren, die du nicht selbst hochgeladen hast.

Um eine Löschung von Bildern und Videos durchzusetzen, wirst du vermutlich Hilfe und Unterstützung deiner Eltern oder eines anderen Erwachsenen benötigen. Auch wenn es dir extrem peinlich ist: Trau dich, diese Hilfe in Anspruch zu nehmen! Sollten sich deine Eltern selbst zu wenig auskennen, wissen sie auf jeden Fall, wie man jemanden findet, der dir dabei helfen kann.

Hilfreich ist es, wenn du dir von per E-Mail oder in sozialen Netzwerken zugeschickten Fotos, Videos oder Mails, die entweder dich selbst oder Bekannte von dir beleidigen, Sicherungskopien machst. Auch wenn dein erster Impuls ist, sie sofort zu löschen. Notiere dir, wann und wo sie aufgetaucht sind. Diese Angaben brauchst du möglicherweise später als Beweis. Denn selbstverständlich kannst du auch zur Polizei gehen, wenn die Angelegenheit nicht, z. B. innerhalb der Schule, geklärt werden kann. Mobbing kann durchaus als Straftat angesehen werden, vor allem wenn es über eine längere Zeit passiert.

Solltest du selbst stillschweigend bei einer Mobbing-Aktion zugeschaut haben oder bist selbst aktiver Teil davon gewesen, weil es einen Konflikt gab, den du nicht lösen konntest, oder weil einfach ein Scherz total aus dem Ruder gelaufen ist, dann rede mit dem Opfer oder einem Erwachsenen deines Vertrauens darüber. Es gehört sehr viel Mut dazu, sich bei demjenigen zu entschuldigen, aber es wird dich auf jeden Fall erleichtern. Sprich auch mit den Leuten, die mit dir zusammen gemobbt haben, darüber und mach ihnen klar, dass es ein feiges und fieses Verhalten war. Das wird dir auf lange Sicht mehr Respekt deiner Freunde einbringen, als sich bei Mobbings zu beteiligen. Mach dir klar, dass Mobbing extremer Psychoterror ist und dass die betroffenen Personen so sehr darunter leiden, dass sie ernsthaft krank werden können. Es ist sogar vorgekommen, dass sich Teenager wegen eines dauerhaften Mobbings umgebracht haben.

// unterwegs

Wieso bin ich auf einmal viel schlechter in der Schule?
Wahrscheinlich bist du im Moment durch andere Dinge abgelenkt.

Warum wollen meine Eltern nicht, dass ich mit der Schule aufhöre?
Weil eine gute Ausbildung für deine Zukunft sehr wichtig ist.

Ich schaffe die Schule einfach nicht, ist das so schlimm?
Nein, ist es nicht, es gibt auch andere Bildungswege und Berufsausbildungen, für die du dich interessieren könntest.

Müssen mir meine Eltern Taschengeld geben?
Nein, das ist eine völlig »freiwillige« Angelegenheit.

Wie kann ich mich für die Umwelt einsetzen?
Zunächst einmal in deinem privaten Umfeld. Und dann vor allem bei Umweltorganisationen, die meisten haben eigene Jugendgruppen.

Ab wann kann ich für eine Zeit ins Ausland gehen?
Entsprechende Organisationen setzen bei einem Schüleraustausch ein Alter von 15 bis 18 Jahren voraus. Nach der Schule kannst du als Au-pair im Ausland arbeiten oder ab 18 Jahren die Möglichkeit des »Work & Travel« in Anspruch nehmen.

// Weshalb habe ich plötzlich keine Lust mehr auf Schule?

Manche Jugendliche kommen in der Schule gut klar, andere bemerken in der Pubertät einen jähen Abfall ihrer Leistungen und haben keine Lust mehr auf Schule. Vielleicht geht es dir auch so, dass du jetzt oft mehr mit dir selbst, mit deinen Freundinnen und Freunden, deinem Aussehen oder deiner neuen Liebe beschäftigt bist. Vielleicht hast du auch nur keine Lust mehr zu irgendetwas, fühlst dich erschöpft, müde und unmotiviert. Oder du träumst einfach viel vor dich hin. Das kann dir auch passieren, wenn du vorher eine gute Schülerin warst und es dir weder an Interesse noch an Einsatzwillen mangelt.

Warum das so ist, kann man sich nicht recht erklären. Neuere Forschungen sind zu dem Ergebnis gekommen, dass sich im Gehirn in der Zeit der Pubertät noch wesentliche Vernetzungen vollziehen. Deshalb hat das Gehirn gewissermaßen einige Zeit »wegen Wartungsarbeiten« geschlossen. Du kannst sicher sein, dass es fast allen in dieser Zeit so ging und so geht.

Viele Jugendliche finden Schule überflüssig und Lehrer schlicht blöd. Es ist zugegebenermaßen nicht ganz leicht einzusehen, warum du für eine unbestimmte Zukunft arbeiten sollst, wenn du gerade so viele andere spannende Dinge erlebst. Die Folge davon kann sein, dass die Noten plötzlich in den Keller rutschen, die Versetzung gefährdet ist und du plötzlich den Wunsch hast, die Schule an den Nagel zu hängen und endlich mit dem richtigen Leben anzufangen.

Am unerträglichsten werden dir vielleicht in dieser Situation die Sprüche der Erwachsenen sein, mit denen sie dich zum Durchhalten ermuntern wollen. Wenn du ehrlich bist, wirst du ihnen aber recht geben müssen: Du lernst wirklich nicht für deine Eltern, sondern für dich selbst und dein späteres Leben. Auch wenn du dir heute noch nicht vorstellen kannst, was du mit dem Schulkram anfangen sollst und wie dein Leben überhaupt aussehen wird.

Das entscheidende Argument ist, dass eine gute Schulbildung in der Jugend einem Menschen ein großes Maß an Eigenständigkeit und Freiheit gewährt. Man hat die besseren Entscheidungsmöglichkeiten über Ausbildung und Beruf, kann besser Geld verdienen und muss sich über eine Reihe von Dingen weniger Sorgen machen. Selbst in wirtschaftlich schlechten Zeiten steht man besser da, wenn man etwas kann und möglichst viel weiß.

Bei fast allen hat der Anfall von Lustlosigkeit bald wieder ein Ende, wenn sie sich ein wenig an ihre neue Situation gewöhnt haben. Das bedarf allerdings eines gewissen Organisationstalents. Denn in den Tag eines heranwachsenden Menschen muss ja ganz schön viel hineinpassen: Die heute enormen Anforderungen in der Schule müssen bewältigt werden, die Hausaufgaben gemacht, zum Sport gegangen, der Umweltverein bedacht und AGs besucht werden. Obendrein möchtest du dich verständlicherweise noch amüsieren, im Internet surfen, ins Kino oder zum Tanzen gehen, deine Freunde treffen und natürlich auch hin und wieder etwas mit der Familie machen. Dazu gehört eine Menge Energie und Willenskraft, die ganz allein aus dir kommen muss.

Von deinem vernünftigen Verhalten jetzt hängt viel für dich ab. Das wird dir sicherlich auch oft genug gesagt. Leider ist es deswegen nicht weniger wahr: Die Weichen, die für deine Zukunft maßgebend sind, stellst du jetzt selbst!

// Warum macht mich die Schule immer so müde?

Wahrscheinlich bist du zurzeit nicht besonders motiviert, dich in der Schule richtig zu konzentrieren. Hinzu kommt, dass der Organismus in der Wachstumsphase auch so manchmal schon ziemlich angestrengt ist. Forscher haben festgestellt, dass sich das Gehirn in der Pubertät noch einmal aus- und umbaut. Das allein macht schon müde. Und natürlich hast du wahrscheinlich oft eine ziemlich anstrengende Freizeit mit vielen Aktivitäten wie Sportverein und Musikschule, oder du triffst dich mit Freunden. Gerade jetzt wird in der Schule viel verlangt. Du wirst oft für viele Fächer und viele Klassenarbeiten gleichzeitig arbeiten müssen. Oder du stehst gerade am Anfang deiner Berufsausbildung, wo viel Neues auf dich einstürmt.

Mit ein paar Tipps kommst du in der Schule, mit den Hausaufgaben oder mit deiner Berufsausbildung gut über die Runden: Versuche dir als Erstes klarzumachen, dass du lernst, weil es dich auf deinem Weg zu einem tollen Beruf weiterbringt. Auch wenn du bei einzelnen Sachen noch nicht weißt, wozu du sie später einmal brauchen könntest. Vor allem trainierst du jetzt, eigenständig zu arbeiten und deinen Verstand zu gebrauchen. Du entwickelst Selbstdisziplin, Willenskraft, Zielstrebigkeit, Arbeitstechniken und die Fähigkeit, Probleme logisch zu lösen.

Entspannung ist der sinnvollste Weg, sich zu konzentrieren. Entspannungsübungen sind nicht nur dazu da, den Körper zu entkrampfen, sondern auch, um den Kopf freizumachen. Recke und strecke dich ab und zu mal. Lass den Kopf sanft im Nacken kreisen und atme dabei kräftig durch. Wer sich zu angespannt fühlt, kann es mit autogenem Training versuchen und sich einfach ein paar Übungen auf YouTube anschauen. Mit diesen Übungen lässt sich das vegetative Nervensystem beeinflussen und bewusst auf Entspannung umschalten. Das hilft auch bei Schlafstörungen!

Hungerkünstler sind weniger leistungsfähig als alle, die sich mäßig, aber regelmäßig ernähren. Ohne ein richtiges Frühstück sinkt beispielsweise die Leistungsfähigkeit schon um zehn Uhr immer weiter ab. Das ist normalerweise eine Zeit, in der man auf Hochtouren läuft. Ein Frühstück mit

Tee, Kaffee, Milch, Obst, Vollkornbrot oder Müsli ist am besten. In den großen Schulpausen solltest du eine Kleinigkeit essen, aber auf jeden Fall etwas trinken. Zum Mittagessen solltest du eher Leichtes essen: Suppe, Gemüse, Salat, Früchte, Joghurt, Quarkspeisen, sonst verbraucht dein Magen alle Energie zum Verdauen und dein Kopf wird immer müder. Nachmittags bei den Schularbeiten kannst du dir einen Kakao oder einen Fruchtsaft gönnen. Abends nach getaner Arbeit in aller Ruhe ist ein gutes Essen eine erlaubte Belohnung. Spitzenwerte erreicht die Leistungsfähigkeit morgens zwischen 9 und 10 Uhr und nachmittags gegen 17 Uhr. Tagsüber bist du aufnahmefähiger als nachts. Bei besonders großem Stress vor Klassenarbeiten solltest du deshalb nicht bis spät in die Nacht lernen, sondern ruhig morgens mal eine Stunde früher aufstehen.

Außerdem ist das richtige Arbeitspensum wichtig. Lieber mit weniger Zeit und Lernstoff, aber rechtzeitig genug anfangen und dann langsam steigern. Ein Stundenplan, der Arbeits- und Freizeit festlegt, erleichtert dir das tägliche Lernpensum. Realistisch muss der Zeitplan allerdings sein, sonst bekommst du nur ein schlechtes Gewissen. Was du in langer Zeit versäumt hast, kannst du sicher nicht innerhalb weniger Tage einpauken. Belohnungen – z.B. ein Kinobesuch, ein Shoppingnachmittag oder ein Filmabend – für durchgehaltene Lernzeiten und vorher festgesetzte Lernerfolge sind ebenfalls eine große Hilfe. Denn das ist auch eine wichtige Regel: Wer ordentlich arbeitet, der darf sich ruhig ordentlich amüsieren.

Dein Arbeitsplatz sollte entsprechend vorbereitet sein: Ein fester Platz, an dem du ruhig und ungestört arbeiten kannst, ist ein Muss. Eine gewisse Ordnung erhöht die Konzentration. Alle Dinge, die ablenken können – wie Handy, PC-Spiele, Essen –, so weit wie möglich verbannen.

Wer während des Unterrichts mitgeschrieben hat, hat alles schon einmal »durch den Arm fließen« lassen und kann praktisch zu Hause in seinem eigenen Lehrbuch nachlesen. Weiter gefestigt wird der Stoff, wenn er noch einmal ins Schulheft übertragen wird. Viele Schüler halten sich unnötig lange mit dem Lesen eines Stoffes auf. Das Tempo lässt sich erheblich beschleunigen, wenn du nicht jedes einzelne Wort liest. Durch wiederholtes Üben kann man nach und nach ganze Wortgruppen mit dem Auge erfassen. Das Lesetempo muss natürlich der Schwierigkeit des Textes angepasst sein. Zusätzliche Lernhilfe beim Lesen: sich die wichtigen Passagen farbig anstreichen. Auch das Lernen am Computer kann dich zusätzlich motivieren, es macht oft einfach mehr Spaß, am Computer zu schreiben, Fotos zu bearbeiten oder Grafiken einzufügen. Dabei lauert allerdings stets die Gefahr, dich nebenher in den Weiten des Internets zu verlieren, und auf einmal sind drei Stunden herum und du hast zwar viele Informationen gesammelt, aber nichts für deine eigentlichen Hausaufgaben getan.

Viele schwören darauf, mit anderen zusammen zu lernen. Andere können nur alleine lernen. Das ist eine Frage des persönlichen Stils. Am sinnvollsten ist wahrscheinlich eine Kombination aus beidem. Einzelarbeit ist oft effektiver, doch in der Gruppe kann man sich gegenseitig inspirieren. Gruppenarbeit vermindert die Prüfungsangst, weil man über den Stoff zu sprechen lernt, immer noch mal wieder nachfragen und die Prüfungssituationen üben kann. Außerdem weiß man, dass man nicht allein ist. Dass man vor Klassenarbeiten und Prüfungen nervös ist, ist völlig normal. Aber schon das Gefühl, gut vorbereitet zu sein und gelernt zu haben, gibt Sicherheit und stärkt das Erinnerungsvermögen.

// Kann ich nicht einfach von der Schule abgehen?

Die Null-Bock-auf-Schule-Phase ist in der Pubertät recht verbreitet. So manch einer spielt mit dem Gedanken, die Schule zu verlassen, sich einen Job zu suchen, so schnell wie möglich unabhängig zu sein und Geld zu verdienen. Schwierigkeiten in der Schule verstärken diesen Wunsch noch. So verführerisch diese Idee ist, so unrealistisch ist sie für die meisten. Denn »the real life«, das wirkliche Leben, ist viel anstrengender, als es dir jetzt noch in deiner Fantasie erscheint. Es bleibt leider dabei: Das Beste, was du tun kannst, ist, in diesen Tiefs durchzuhalten. Alles, was du jetzt in deine Ausbildung investierst, kommt nämlich niemand anderem als dir selbst zugute. Deinen Eltern nicht und deinen Lehrern nicht – nur dir!

Wenn du ernsthafte Schwierigkeiten in der Schule hast, in einem oder mehreren Fächern nicht richtig mitkommst, musst du dir natürlich überlegen, wie du diese Klippe überwindest. Nachhilfe kann da oft Wunder wirken. Die Flinte ins Korn zu werfen, wäre ein Jammer. Denn du wirst es mit dem Lernen nie wieder so leicht haben wie jetzt. Im Anschluss an eine Lehre später eine Fachschule zu besuchen oder neben einem Job das Abitur nachzuholen, erfordert sehr viel mehr Entschlossenheit, Einsatz und Kraft. Die meisten Leute bereuen einen vorzeitigen Schulabbruch später zutiefst.

Keinen höheren Schulabschluss zu schaffen, ist allerdings kein Weltuntergang. Es gibt viele interessante Berufe, in denen du deine Fähigkeiten zur Entfaltung bringen kannst. Wenn du langsam zu der Überzeugung kommst, dass die Schule wirklich nichts für dich ist, solltest du mit deinen Eltern – vielleicht mit der Unterstützung deiner Lehrer – klären, welchen Weg du einschlagen könntest. Selbst wenn du keinen sehnlicheren Wunsch hast, als von der Schule abzugehen, heißt das nicht, dass du nicht mehr den Wunsch hast, weiterzulernen, oder dass du dies niemals tun wirst. Manchmal hilft auch ein Wechsel der Schule.

Viele Mädchen stützen sich bei ihrer Berufswahl auf das, was sie aus den Medien oder ihrer Umgebung erfahren haben. Aber es lohnt auf jeden Fall auch, sich beim Arbeitsamt ausführlich informieren zu lassen. Es gibt nämlich Hunderte von interessanten Berufen, von denen man oft gar nichts weiß. Lass dich auf alle Fälle von niemandem in eine Richtung drängen, die du nicht akzeptieren kannst. Und lass dich auch nicht davon abhalten, einen Beruf zu ergreifen, der noch als »Männerberuf« gilt. Es gibt keine Männer- und Frauenberufe, sondern nur Berufsmöglichkeiten, die von beiden Geschlechtern gleichermaßen ergriffen werden können. Selbst die Bundeswehr steht jungen Frauen seit dem Jahr 2001 offen und bietet vielfältige Ausbildungs- und Studienmöglichkeiten.

Das gilt auch für die Wahl eines Studiums: Studiere nur etwas, was du wirklich willst und wofür du dich richtig engagieren kannst. Denn nur dann wirst du gerne und erfolgreich arbeiten. Und noch etwas: Achte dabei nicht auf den aktuellen Arbeitsmarkt. Bisher haben sich fast alle Zukunftsprognosen, wie viele Akademiker aus welchen Fächern gebraucht werden, als falsch erwiesen. Wenn du etwas kannst, was dir liegt und worin du aufgehen kannst, wirst du eher eine Möglichkeit finden zu arbeiten. Entscheidend sind deine Fähigkeiten und deine eigenen Wünsche an deine Zukunft!

// Wie bekomme ich mehr Taschengeld?

Wie Jugendliche mit ihrem Taschengeld umgehen, ist in vielen Familien immer wieder Anlass für einen handfesten Krach. Besonders dann, wenn die Kinder verschwenderisch sind oder die Eltern vorschreiben wollen, wie ihr Kind damit umzugehen hat und was es sich dafür nicht kaufen soll. Andererseits fließen heute enorme Summen durch die Hände von Kindern und Jugendlichen.

Im Bürgerlichen Gesetzbuch gibt es einen Paragrafen, aus dem deutlich hervorgeht, dass auch Minderjährige über ihr wöchentliches und monatliches Taschengeld frei verfügen sollen und dürfen. Allerdings sind Eltern nicht dazu verpflichtet, überhaupt Taschengeld zu zahlen oder sich auf eine bestimmte Höhe festzulegen. Als Orientierungshilfe für die Höhe des Taschengeldes geben die Jugendämter jedes Jahr neue Richtlinien heraus.

Für alle Einkäufe, die du mit deinem Taschengeld machst, gelten dieselben Rechte wie für Erwachsene. Deine Eltern können dich nicht mit etwas, was du gekauft hast und was ihnen nicht gefällt, wieder ins Geschäft schicken, um das Geld zurückzuverlangen. Das ist nur möglich, wenn du über das Ziel hinausgeschossen bist und dir etwas gekauft hast, was die übliche Taschengeldhöhe übersteigt. Solange du minderjährig bist und deine Eltern diesen Kauf nicht genehmigt haben, kann er von ihnen rückgängig gemacht werden.

Wenn das von deinen Eltern spendierte Taschengeld nicht ausreicht – und das ist wohl relativ oft der Fall –, kannst du dir überlegen, ob du dich nicht schon mal in die Selbstständigkeit stürzt und dir einen Job suchst. Zwei Dinge sind dabei zu bedenken: Wenn du Schwierigkeiten in der Schule hast oder dich allgemein nicht so gut fühlst, musst du aufpassen, dass du dich nicht übernimmst. Schau dann lieber erst, dass du deine Probleme in den Griff bekommst. Denn wenn du dir nun noch zusätzlich Stress verschaffst, verschlimmerst du deine Situation nur. Abgesehen davon solltest du dir einen Job suchen, der dir Spaß macht, bei dem du deine Begabung, dein Können und dein Wissen gewinnbringend einsetzen kannst. Damit sammelst du Erfahrungen, die dir später nützlich sein können.

Möglicherweise machen sich deine Eltern Sorgen, dass du deine Schul- oder Berufsausbildung dadurch gefährdest. Da hilft nur ein offenes Wort. Du solltest ruhig mit ihnen besprechen, inwieweit sie dich da unterstützen können. Sicher werden sie auch stolz darauf sein, dass du schon so viel Verantwortung für dich übernehmen möchtest.

// Darf ich einen Job annehmen?

Schüler unter 18 Jahren, die noch zur Schule gehen, dürfen nur während der Schulferien für höchstens vier Wochen pro Kalenderjahr jobben. Und das auch erst ab dem 15. Lebensjahr. Dinge, die du tun kannst, gibt es viele: So brauchen viele Leute jemanden, der sich um Haus und Garten, um Kinder und Tiere, um Küche und Wäsche, um Besorgungen und kleinere Büroarbeiten kümmert. Auch ungewöhnlichere Sachen wie Fahrradkurierdienste, Brötchenbote, oder Fensterputzservice könntest du dir ausdenken. Hör dich bei deinen Eltern, in deiner Nachbarschaft, in der Schule um, wo es was zu tun gibt. Du kannst auch eine Annonce im örtlichen Anzeigenblättchen oder in zahlreichen Online-Jobbörsen aufgeben. Fühlst du dich nicht zu einer ausgefallenen Sache berufen, beginnst du einfach mit den klassischen Schülerarbeiten: Nachhilfestunden geben, babysitten oder Flyer verteilen.

Gegen einen regelmäßigen kleinen Job, der monatlich nicht mehr als 400 Euro einbringt, haben weder Finanzamt noch Versicherungen etwas einzuwenden. Vorausgesetzt, das ist deine einzige Einnahmequelle. Tätigkeiten wie Babysitting, auf Tiere aufpassen oder Besorgungen erledigen gelten nicht als Arbeit, sondern als Gefälligkeiten. Auch wenn du ausrangierte Kleidung verkaufst oder dein Hobby – etwa Töpfern – zu einer Geldquelle machst, interessiert das niemanden. Sollte sich aber daraus ein richtiges Gewerbe entwickeln und solltest du dann auch noch mit anderen zusammenarbeiten, müsstest du vielleicht den Steuerberater deiner

Eltern um Rat fragen. Sinnvoll ist es auf jeden Fall, ein kleines Kassenbuch anzulegen, in dem du Einnahmen und Ausgaben notierst. So behältst du den Überblick und kannst auch prüfen, ob sich deine Arbeit lohnt.

Deine Eltern haben übrigens prinzipiell das Recht, mit zu entscheiden, was mit dem Lohn geschehen soll. Sie können verlangen, dass du davon zu Hause etwas ablieferst. Ein eigenes Konto kannst du bereits als Kind bei Banken oder Sparkassen eröffnen. Ein Elternteil hat jedoch bis zu deiner Volljährigkeit Vollmacht darüber. Wenn du gespartes Geld hast, ist es sinnvoll, ein Sparkonto anzulegen, auf dem dein Geld für dich Zinsen bringen kann.

// Wie kann ich mich für etwas Sinnvolles engagieren?

Viele Jugendliche sind auf der Suche nach etwas, wofür sie sich engagieren können. Dabei lernen sie, eine eigene Meinung zu haben und sie auch zu vertreten. Gefördert werden dabei auch soziale Fähigkeiten, Ideenreichtum und Kreativität, gutes Zeitmanagement, Organisationstalent, Führungsqualitäten und Fachwissen. Eine ehrenamtliche Tätigkeit ist eine rundum gute Sache und kann dir eine große Zufriedenheit bescheren. Sie wird deinen Horizont erweitern und dich selbst in Relation zu deiner Umwelt setzen.

Jede Stadt hat eine Freiwilligenagentur, welche die unterschiedlichsten Projekte aus allen möglichen Bereichen des Lebens anbietet.

Überall gibt es Gruppen, in denen Jugendliche arbeiten können. So haben beispielsweise die Parteien und die Umweltorganisationen meist spezielle Jugendgruppen. In den Schulen gibt es Theater- und Kunstgemeinschaften. Bei einigen Jugendlichen im ländlichen Raum ist z. B. die Freiwillige Feuerwehr sehr beliebt.

Für junge Menschen zwischen 16 und 26 Jahren, die sich gerne in sozialen oder Umweltbereichen einsetzen möchten, gibt es die Möglichkeit, nach der Schule ein freiwilliges soziales oder ökologisches Jahr zu absolvieren. Sie können auf diese Weise vor Beginn einer Ausbildung oder eines Studiums einen Einblick in soziale und ökologische Berufe erhalten und sich unter Anleitung von Fachkräften darin erproben (Informationsadressen findest du ab Seite 159).

Wofür du dich selbst interessierst und was dir am meisten Spaß macht, musst du erst herausfinden. Du kannst überall hineinschnuppern und dich dann für etwas entscheiden. Du kannst auch ruhig einmal etwas anfangen und dann wieder aufhören, wenn du merkst, dass es dir nicht liegt. Da musst du dir von anderen keine mangelnde Konsequenz vorwerfen lassen. Die Jugendzeit ist schließlich auch dazu da, verschiedene Möglichkeiten auszuprobieren und einen Überblick zu gewinnen.

Gruppen können nämlich auch einen Druck auf ihre Mitglieder ausüben, dem man sich als einzelner Mensch schwer entziehen kann. Um von einer bestimmten Clique akzeptiert zu werden, tun viele Menschen Dinge, die sie eigentlich gar nicht wollen. Wer nur so handelt wie die Mehrheit, tut das oft gegen die eigenen Interessen und die innere Überzeugung. Wenn andere beispielsweise etwas tun, was gefährlich, nicht gesund, zerstörerisch, erniedrigend oder ungesetzlich ist, dann stehst du vor der Wahl, es mitzumachen, »Nein« zu sagen oder dich irgendwie herauszuwinden. Vor dieser Wahl steht man immer wieder im Leben: Soll ich bei der Prüfung mogeln, betrunken Auto fahren, Intrigen mitspinnen, Drogen ausprobieren oder mit jemandem schlafen, den ich kaum kenne?

Bei der Entscheidung hilft dir niemand. Wenn du dich für etwas anderes entscheidest als die anderen, musst du damit rechnen, dass sie dir Schwierigkeiten machen werden und wütend auf dich sind. Echte Freunde sind das nicht. Sich gegen solchen Druck durchzusetzen, dazu gehören Mut und Selbstvertrauen. Wenn du es noch nicht schaffst, ein klares »Nein« zu einer Sache zu sagen, musst du kein schlechtes Gewissen haben, wenn du dich unter einem Vorwand ausklinkst. Gestehe dir ruhig in solchen Situationen Notlügen zu. Die Hauptsache ist, dass du nichts tust, was du nicht willst und was dir schadet.

// Kann ich einen Schüleraustausch machen?

Bei einem School Exchange Year bzw. Schüleraustausch handelt es sich nicht um einen Tausch zwischen Familien und Ländern zweier Austauschschüler, sondern um einen Auslandsaufenthalt für ein halbes oder ganzes Jahr. Während dieser Zeit wohnt man bei einer Gastfamilie, geht auf eine Gastschule und lebt ein für das jeweilige Land ganz normales Leben, welches für einen selbst aber alles andere als normal sein wird.

Der Begriff »Austausch« bezieht sich hier auf den kulturellen Austausch, welchen man während des Jahres vor Ort erhält. Ein Schüleraustausch bietet eine ganze Menge Vorteile. Du kannst in einem halben bzw. ganzen Jahr viel lernen, was dir nützlich sein und dich weiterbringen wird. Nicht nur für deinen späteren Beruf, sondern auch für dich selbst. Du meisterst damit eine ziemlich große Herausforderung und wirst dadurch selbstständiger, selbstbewusster und toleranter, lernst eine Fremdsprache, du bist für eine Zeit unabhängiger als daheim, lernst neue Leute kennen, sammelst unvergessliche Eindrücke, siehst die Welt aus einem anderen Blickwinkel, und nicht zuletzt lernst du deine Heimat und deine Familie ganz neu schätzen.

Die größte Schwierigkeit, die es zu überwinden gilt, ist der finanzielle Aspekt. Die meisten Schüler bekommen erst einmal einen Schock, wenn sie sich über die verschiedenen

Programme der vielen Organisationen im Internet informieren. Denn ein Schüleraustausch ist nicht billig – vom Gastland und Angebot abhängig variiert der Preis für ein ganzes Jahr zwischen 5 000 und 50 000 Euro. Lass dich davon nicht abschrecken. Es gibt diverse Möglichkeiten, ein Austauschjahr zu finanzieren, ohne dass deine Familie verarmen muss.

Neben dem Kindergeld, welches auch bei einem Auslandsaufenthalt weitergezahlt wird, kann man viel Geld für seinen Austausch vom Staat bekommen und sich um Auslands-BAföG bewerben. Hier ist jedoch eine Einkommensgrenze für die Eltern vorgeschrieben. Außerdem gibt es eine Reihe von Stipendien, für welche du dich bewerben kannst. Auch wenn du nicht die perfekten Noten in der Schule erzielst, hast du häufig trotzdem gute Chancen auf ein Stipendium. Außerschulisches Engagement, interessante Hobbys, eine gut gemachte Bewerbung, selbstbewusstes und offenes Auftreten bei den Stipendientagen kann so manche Vieren oder Fünfen wettmachen. Für Stipendien kann man sich bei Austauschorganisationen, Firmen, Stiftungen und öffentlichen Stellen, sogar beim Bundestag bewerben (Informationen zu diesen ab S. 159).

Bei der Auswahl der Organisation gibt es kein Falsch oder Richtig. Du solltest dich im Bekanntenkreis umhören, vielleicht kann dich jemand, der auch einen Schüleraustausch gemacht hat, beraten. Du kannst dir auch drei oder vier Organisationen auswählen, mit ihnen Kontakt aufnehmen und dir selber einen persönlichen Eindruck verschaffen. Achte dabei vor allem darauf, wie gut die Vorbereitung auf deinen Austausch ist (Kontaktperson für Fragen, Vorbereitungsseminar in Deutschland usw.) und wie die Betreuung in deinem Gastland ablaufen würde: (Vorbereitungsseminar im Gastland, Repräsentant/in in der Nähe deiner Gastfamilie usw.) Falls du Hilfe vor Ort brauchst, dann sollte auf jeden Fall jemand für dich da sein!

Eine andere Form des Auslandsaufenthalts ist das sogenannte Work & Travel. Diese Form des Reisens ist eher für Leute gedacht, die die Schule bereits abgeschlossen haben und nicht gleich mit der Berufsausbildung oder dem Studium beginnen möchten, weil sie beispielsweise noch gar nicht genau wissen, welchen Beruf sie ergreifen möchten. Zweck dieser Reisen ist genau wie beim Schüleraustausch das Kennenlernen eines Landes, seiner Kultur sowie der Sprache. Work & Travel unterscheidet sich dadurch von Austauschprogrammen für Schüler, dass sich der Reisende das nötige Geld durch kurze oder auch längere Gelegenheitsjobs vor Ort (»Jobhopping«) verdient. Es ist eine Alternative zum klassischen Auslandsaufenthalt, z. B. als Au-pair, bei dem man während des gesamten Auslandsaufenthaltes an einem Ort ist.

Für die Zeit der Reise wird ein spezielles Visum ausgestellt, mit dem man bis zu zwölf Monate arbeiten und reisen kann. Organisiert wird so etwas meistens von Studienreisen-Veranstaltern in Kooperation mit privaten oder staatlichen Jobagenturen vor Ort. Die Vorbereitung und Durchführung des Auslandsjahres kannst du aber auch komplett alleine organisieren.

Wenn du die Chance hast, für eine Zeit ins Ausland zu gehen, dann nutze sie! Wenn du im späteren Leben entweder durch Job oder Kinder an einen festen Ort gebunden bist, wird es immer unwahrscheinlicher, dass du diese Erfahrung machen kannst.

Stimmt es, dass gesunde Ernährung eines der wichtigsten Schönheitsmittel ist?
Ja. Und eines der leckersten und preiswertesten.

Darf ich denn gar keine Süßigkeiten essen?
Wenn sonst die Mischung stimmt, kannst du deinen süßen Gelüsten ruhigen Gewissens nachgeben.

Ich habe auf einmal so viele Pickel, wie bekomme ich die wieder weg?
Kaum jemand übersteht das Erwachsenwerden ohne Pickel. Wenn sich die Hormonbildung eingependelt hat, verschwinden sie meist von allein wieder.

Ich finde mich zu dick, welche Diät soll ich halten?
Gar keine. Wenn du dich gesund ernährst und regelmäßig bewegst, reguliert sich normalerweise auch das Gewicht.

Dürfen auch Mädchen schon Tampons benutzen?
Ja! Und zwar von der ersten Regel an.

Warum ist Rauchen so schädlich für junge Mädchen?
Weil es neben allen anderen Gefährdungen für die Gesundheit die erste Regel verzögern und das Knochengerüst angreifen kann.

// Kann man Haut und Haare schönessen?

Für das Selbstwertgefühl ist es ganz wichtig, sich in seinem Körper wohlzufühlen. Der wichtigste Grundstein für Schönheit und Fitness ist neben der Bewegung die richtige Ernährung.

Gerade Jugendliche in der Wachstumsphase brauchen ganz besonders viele gute Lebensmittel. Leider ist nicht alles, was beliebt ist, gesund. Hamburger, fettes Fleisch, weißes Brot, Cola- und Limonadengetränke, Chips, Popcorn, Schokolade, Süßigkeiten, Kuchen, Pralinen und Nougatcremes enthalten zu wenig wertvolle Inhaltsstoffe, die für deine Gesundheit wichtig sind. Sie legen den gesamten Organismus samt Gehirn lahm, und man kann sich nicht mehr konzentrieren. Der ganze Körperkreislauf wird auf Sparflamme geschaltet, man setzt Speck an, hat keine Lust mehr, sich zu bewegen, wird denkfaul und müde. Auch die Haut wird fahl und schlaff. Natürlich musst du nicht gänzlich auf solche Lebensmittel verzichten; ab und zu sind ein Stück Torte oder Chips auch okay.

Sich gesund und trotzdem lecker zu ernähren, ist gar keine große Kunst. Es gibt nur eine einzige Regel: Sich so abwechslungsreich und natürlich wie möglich ernähren! Also möglichst viele verschiedene Speisen essen, die möglichst frisch zubereitet sind.

In früherer Zeit machten die Menschen das noch richtig, indem sie sich überwiegend von Pflanzen, Wurzeln und Getreide ernährten. Sie bekamen dadurch starke Knochen und kräftige Muskeln. Fleisch gab es nur sehr selten, Fett in Maßen und Zucker gar nicht. Industriell gefertigte Lebensmittel, die vielfach bearbeitet und bis zur Unkenntlichkeit mit möglicherweise schädlichen Zusatzstoffen versetzt sind, gab es damals überhaupt nicht.

Getreide beispielsweise – in Form von frisch gebackenem Brot, Vollkornnudeln oder Müsli – enthält fast alles, was der

Mensch zum Leben braucht: Eiweiß, Stärke, Wasser, Fett, Ballaststoffe, Mineralstoffe und viele lebenswichtige Vitamine. Auch in Hülsenfrüchten, Kartoffeln, Obst und Gemüse sind jede Menge gesunde Nährstoffe. Wer sich davon ernährt, braucht keinen Mangel zu befürchten. Auf Zucker, Fett und Fleisch sollte man weitgehend verzichten.

Nun wirst du vielleicht sagen, dass du Gemüse und andere gesunde Sachen nicht besonders gerne magst. Aber möglicherweise musst du zugeben, dass das eher ein Vorurteil ist. Ob es dir schmeckt, liegt weniger an dem, was du isst, sondern daran, wie es zubereitet ist. Es ist kein Wunder, dass du matschig gekochtes Gemüse nicht so toll findest. Vielleicht kannst du zu Hause anregen, dass ihr mehr Salat und Rohkost esst, vielleicht auch einmal Gerichte mit Hülsenfrüchten und Gemüse oder Vollkornaufläufe, die ihr noch nicht kennt. Sahne, Butter, frische Kräuter, Gewürze, Essig und Pflanzenöl machen daraus ein erstklassiges Essen. Wichtig ist es auch, viel zu trinken – am besten Mineralwasser oder Kräutertee. Auch (fettarme) Milch ist wichtig für den Knochenaufbau.

Die Schönheit von Haut, Haaren und Nägeln hängt wesentlich von einer ausgewogenen, vollwertigen Ernährung ab, da sie nur von innen alles Wichtige für ihren Aufbau beziehen können. Die Nähr- und Wirkstoffe, die für den Aufbau aller Zellen und für deren Betriebsstoff nötig sind, werden über feinste Blutgefäße in die jeweilige Zelle transportiert. Einzelne Nährstoffe sind voneinander abhängig und können nur im Zusammenspiel voll ausgenutzt werden. Deshalb ist eine ausgewogene Mischkost so besonders wichtig.

Die Haut ist ein wichtiger Teil des körpereigenen Entsorgungssystems. Über Millionen von Talg- und Schweißdrüsen werden in jeder Minute Giftstoffe ausgeschieden. Ist die Haut schlecht durchblutet und sind die Drüsen verstopft, wird der ganze Organismus in Mitleidenschaft gezogen. Als Gerüstsubstanz für Haut, Haare und Nägel wird der Baustein Eiweiß gebraucht. Viel und gutes Eiweiß ist in Milch, Getreide,

Kartoffeln und vielen Gemüsearten enthalten. Ein wenig Fett braucht der Körper, um Vitamine aufzuschlüsseln. Vitamine sind für eine schöne Haut unentbehrlich, sie sorgen dafür, dass der Stoffwechsel der Haut reibungslos funktioniert. Besonders gut für die Haut sind die Vitamine A, B, C und E. Damit die Haut schön und straff bleibt, braucht sie auch viel Sauerstoff. Mit gezielter Bewegung, Massage, Trockenbürsten, Sauna und kalt-warmen Duschen wird die Durchblutung auf Trab gebracht und mehr Sauerstoff zu den Hautzellen transportiert.

Eine gute, regelmäßige Verdauung ist für das Aussehen von großer Bedeutung. Der Darm funktioniert mit dieser gesunden Ernährung viel besser: In Gemüse, Getreide, Hülsenfrüchten, Obst und Kartoffeln sind viele Ballaststoffe enthalten. Das sind unverdauliche Teile, die den Magen füllen, schnell satt, aber nicht dick machen. Der Verdauungsapparat ist lange damit beschäftigt, diese Teile wieder aus dem Körper zu transportieren. Dabei werden gleichzeitig andere Gift- und Schlackenstoffe aus dem Körper geschleust. Dafür muss sich der Darm ziemlich anstrengen, und das macht ihn fit.

// Was kann ich gegen meine Akne tun?

Die Haut schützt uns nicht nur gegen Einflüsse von außen, sie ist auch ein Spiegel unserer Seele. Sie zeigt oft, wie es um unsere Gefühle steht: Sie ist strahlend, wenn wir glücklich sind, sie errötet, wenn wir schüchtern sind oder uns schämen, sie wird blass, wenn wir Angst haben. Man sagt, sensible Menschen sind eher »dünnhäutig«, robustere Seelen haben »ein dickes Fell«. Eine schöne, glatte und strahlende Haut signalisiert anderen Menschen: Hier ist jemand gesund und fröhlich.

In der Pubertät, wenn man vor dem anderen Geschlecht besonders gut dastehen möchte, spielt die Haut leider oft nicht mit. Sie neigt zu Unreinheiten, Pickeln, Pusteln oder Akne. Das liegt ebenfalls daran, dass nun in deinem Körper Geschlechtshormone gebildet werden. Und zwar nicht nur die beiden weiblichen Geschlechtshormone (Östrogen und Progesteron), sondern auch kleine Mengen des männlichen Hormons Testosteron. Das ist bei jeder Frau so. In der Pubertät haben weibliche und männliche Hormone noch nicht das richtige Verhältnis zueinander gefunden. Das wirkt sich durch unreine Haut und manchmal auch durch ein paar Härchen mehr an Oberlippe und Beinen aus. Jungen bilden übrigens auch Östrogen, was zu Beginn der Pubertät manchmal ihre Brust leicht anschwellen lässt.

Dieses Ungleichgewicht ist dafür verantwortlich, dass mehr Talg in der Haut gebildet wird, dass die Poren sich verstopfen und sich entzünden können. Die Haut beruhigt sich nach einer Weile wieder – spätestens wenn die Pubertät ausklingt. Völlig ohne Pickel übersteht kein Mensch den Übergang zum Erwachsenwerden!

Leichtere Hautprobleme bekommt man durch richtige Hygiene, durch gesunde Ernährung, ausreichend Schlaf und viel Bewegung meist selbst in den Griff.

Junge Menschen haben generell eher eine fettige Haut. Wenn das auch für dich gilt, solltest du fetthaltige Kosmetika meiden. Teure Produkte brauchst du sowieso nicht. Zur Reinigung reicht lauwarmes Wasser, ab und zu mit einer alkalifreien Seife oder einer milden Reinigungsmilch. Danach kann die Haut mit etwas Gesichtswasser abgetupft werden, bei empfindlicher Haut sollte es parfum- und alkoholfrei sein. Waschcremes mit Schleifpartikeln, wie Mandelkleie, dürfen bei fetter oder Mischhaut und verstopften Poren ab und zu angewendet werden, solange sie nicht entzündet sind. Morgens und abends sollte das Gesicht mit einer pflegenden Creme eingerieben werden.

Wichtig ist es, nie an den Pickeln herumzudrücken. Das kann zu lebenslangen Narben führen. Wer an entzündeten

Pickeln herumdrückt, verschlimmert die Entzündung. Nur an der Oberfläche sichtbare gelbe Eiterpfröpfe dürfen kurz nach außen entleert werden. Dazu unbedingt die Finger mit einem sauberen Papiertuch umwickeln. Die behandelte Stelle sofort mit etwas Alkohol aus der Apotheke oder einem keimtötenden Mittel vom Arzt desinfizieren. Ein hautfarbener Abdeckstift hilft, die roten Stellen zu überdecken.

Bei sehr unreiner Haut kannst du über einen Besuch bei einer guten Kosmetikerin nachdenken. Das hat mit Schminken nichts zu tun und ist überdies auch nicht sehr teuer: Kosmetikerinnen sind dafür ausgebildet, die Haut auf schonende und nachhaltige Weise zu säubern und den Pickeln zu Leibe zu rücken. Das ist auf alle Fälle billiger und besser, als immer wieder neue Mittel auszuprobieren, die letztlich nichts bewirken. Viele Kosmetikerinnen arbeiten heute auch mit Naturprodukten.

Bei schweren Hautproblemen ist es besser, gleich zu einem Hautarzt zu gehen. Es gibt eine Reihe von modernen und wirksamen Medikamenten, mit denen er dir helfen kann. So gibt es etwa gerade für junge Haut eine neuartige Aknebehandlung mit einer bestimmten Säure (Azelainsäure), die auf sanfte Weise verhindert, dass sich die Poren verstopfen und sich entzünden. Wer etwas Geduld aufbringt, kann mit solchen medizinischen Behandlungsweisen wieder eine gesunde Haut bekommen.

Manchmal wird Mädchen mit unreiner Haut auch ein Hormonpräparat verordnet. Wer also mit der Pille verhüten will, kann zugleich auch mit einer besseren Haut rechnen.

// Bin ich zu dick?

Jede Generation hat ihre eigenen Vorstellungen davon, wie ein perfekter Körper aussieht. Vor dreißig Jahren war die Idealfigur voll und fraulich, heute ist sie rank und sehnig. Viele Frauen versuchen, sich an diesem Ideal zu orientieren. Nur: Der Körper macht das nicht mit, weil er klüger ist als wir.

Lange Zeit hat man gedacht, dass es so etwas wie ein Idealgewicht gäbe. Das bedeutet, dass zwei Menschen mit der gleichen Körpergröße auch das gleiche Gewicht haben müssten. Nach dieser medizinischen Theorie sollten alle Menschen ganz superschlank sein. Denn man dachte, das sei auch die beste Voraussetzung für lange Gesundheit. Da ganz offenbar nur sehr wenige Menschen dieses Idealgewicht haben, wurde eine Fülle von Diäten erfunden, mit denen man sich dieses Gewicht erquälen soll.

Viele dieser Diätvorschläge sind schon deswegen ungesund, weil man beispielsweise immer nur bestimmte Sachen essen darf und der Körper nicht zu seinen lebensnotwendigen Nährstoffen kommt. Heute weiß man aber noch mehr: Diät macht nicht nur krank, sondern auf die Dauer auch dick. Je öfter jemand Diät hält, umso mehr. Der Körper versucht dann an der Diät vorbei sein ganz persönliches Gewicht zu halten, mit dem er sich am wohlsten fühlt. Wahrscheinlich ist das auch das gesündeste Gewicht. Es liegt bei fast allen Menschen über dem Gewicht, das als ideal dargestellt wird.

Am Anfang pendelt das Gewicht noch zwischen dick und dünn. Sobald eine Diät abgebrochen wird, geht das Gewicht schlagartig wieder nach oben. Jo-Jo-Effekt nennt man dieses Auf und Ab der Pfunde. Das ewige Pendeln zwischen dick und dünn bringt das Gleichgewicht des Stoffwechsels nachhaltig durcheinander. Der Körper reagiert letztlich nicht mehr auf eine Diät, wie auch immer sie gestrickt ist. Er kämpft um seine Pfunde, indem er bei einer Diät den sogenannten Grundumsatz herunterschaltet. Das ist die Mindestmenge an Nahrungsenergie, die ein Mensch auch im Leerlauf braucht. Dein Organismus ist nämlich immer beschäftigt, ob du nun im Bett liegst, körperlich schuftest, Hausaufgaben machst oder im Schulchor singst. Indem die Kalorien aus dem Essen einfach langsamer verbrannt werden, klammert sich der Körper an seine Fettreserven, als ginge es wie in früheren Hungersnöten um sein Leben. So kann es sogar kommen, dass man eher etwas zunimmt.

Diese Polsterungen sind eigentlich sehr sinnvoll, denn sie schützen uns in Notzeiten vor dem Verhungern. So sind beispielsweise auch die weiblichen Rundungen als Energiespeicher für eine Schwangerschaft vorgesehen. Etwas rundere Formen sind also viel gesünder. Die meisten Mädchen und Frauen, die dünner werden wollen, kämpfen nur gegen wenige Pfunde an. Denn meist sind sie sowieso sehr schlank.

Natürlich kann es aber auch sein, dass jemand wirklich sehr viel wiegt und es besser ist, etwas abzuspecken. Da hilft aber keine Diät, sondern nur eine ausgewogene Ernährung mit viel Getreide, Hülsenfrüchten und viel Bewegung. Wer diese gesunde Nahrung (siehe auch Seite 131 ff.) in etwas kleineren Mengen als normal isst und Sport treibt, nimmt langsam, aber sicher auf gesunde Weise die richtigen Formen an. Es ist mit dieser Art der Ernährung auch kein Problem, das Gewicht zu halten.

// Muss ich mich während der Regel öfter waschen?

Natürlich sollte sich jeder Mensch seinen Intimbereich regelmäßig waschen. Zunächst einmal ist es wichtig, bei jedem Toilettengang aufzupassen, dass keine Keime aus dem Darm an die Scheide kommen. Das bedeutet: Immer vorsichtig von vorne nach hinten abwischen und nichts an die Finger kommen lassen. Hinterher sollte man sich immer die Hände waschen. Wer viel unterwegs ist, kann sich Tüchlein einstecken, die zur Baby- oder Intimpflege angeboten werden. Damit kann man sich zum Beispiel an heißen Tagen oder wenn es besonders stressig ist auch mal zwischendurch reinigen.

Ansonsten sollten innere und äußere Schamlippen und der Po morgens und abends behutsam mit viel Wasser abgespült werden. Intimsprays und dergleichen sind überflüssig. Sie können den empfindlichen Bereich reizen und Infektionen Vorschub leisten. Die Scheide selbst verfügt über ein natürliches Selbstreinigungssystem, das im Normalfall vor Entzündungen schützt. In der Scheide leben nützliche Bakterien, die dafür sorgen, dass hier ein leicht saures Klima herrscht, in dem sich feindliche Krankheitserreger nicht so vermehren können. Wer sich zu oft und mit scharfen Seifen wäscht, schwächt diese körpereigene Abwehrkraft.

Wer während der Regel das Bedürfnis hat, sich öfter zu waschen, sollte das ruhig tun. Notwendig ist es jedoch nicht. Denn die Monatsblutung hat ja nichts mit Schmutz zu tun. Das Blut, das aus der Scheide austritt, riecht nicht. Erst nach einer Weile, wenn es sich an den feinen Schamhärchen absetzt, kann es sich an der Luft zersetzen. Mädchen und Frauen, die Binden benutzen, haben eher das Gefühl, sich öfter reinigen zu müssen.

Die Unterwäsche sollte leicht und luftig sein, am besten aus Baumwolle oder Seide. Alles, was einengt, Wärme und Feuchtigkeit staut, verändert und verstärkt die Gerüche und lässt schädliche Bakterien wachsen. Im Bereich der Schamlippen sitzen besonders viele Duftdrüsen, durch welche die sexuelle Anziehungskraft der Frau verstärkt wird. Sie senden einen kaum wahrnehmbaren, aber charakteristischen Duft aus, der auf Männer stimulierend wirkt. Wer zusätzlich noch anders duften möchte, kann sich mit Körperpuder einstäuben oder einen Tupfer seines Parfums in die Leistenbeugen geben.

// Welcher ist der richtige Menstruationsschutz?

Ein sicherer Blutungsschutz für die »Tage« ist wichtig, denn er ermöglicht es, dass eine Frau sich frei bewegen kann. Im Gegensatz zu früher dürfen junge Mädchen heute das verwenden, was sie mögen: Binden oder Tampons beziehungsweise beide Methoden kombiniert miteinander.

Binden gibt es heute in vielen verschiedenen Formen und Größen, für leichtere und stärkere Blutungen. Die meisten sind einzeln und hübsch verpackt, sodass sie sich leicht und unauffällig im Handtäschchen verstauen lassen. Alle sind mit einem Kunststoffschutz versehen, der verhindern soll, dass das Blut an die Unterwäsche kommt. Wie oft eine Binde gewechselt wird, hängt von der Stärke der Blutung und dem persönlichen Wohlbefinden ab. Das ist etwas, was jedes Mädchen mit der Zeit für sich selbst herausfinden muss. Binden oder Slipeinlagen werden direkt vor die Scheidenöffnung gelegt.

Tampons werden von Mädchen und jungen Frauen jedoch besonders geschätzt. Weil sie innerlich in der Scheide getragen werden, sind sie nicht zu spüren und ermöglichen es, sich völlig frei zu bewegen und auch Sport zu treiben. Es gibt keinen Grund, warum ein junges Mädchen sie nicht verwenden sollte, wenn es das möchte. Selbst ganz junge Mädchen können Tampons verwenden. Das Jungfernhäutchen, das den Scheideneingang umsäumt, hat in der Mitte eine dehnbare Öffnung, durch die ein Tampon ohne Schwierigkeiten hindurchpasst.

Allerdings haben junge Mädchen trotzdem oft mit dem Einführen Schwierigkeiten, weil sie den Scheideneingang nicht finden. Da hilft es, in aller Ruhe erst einmal die Packungsbeilage mit ihren Bildern anzuschauen und es, wie es dort angegeben wird, ruhig öfter zu probieren. Am besten geht das im Sitzen auf der Toilette. Vielleicht ertastest du auch vorsichtig mit den Fingern die Öffnung, bevor du den Tampon dorthin dirigierst. Zum Ausprobieren gibt es Minitampons, die mit einer besonders gleitfähigen Umhüllung versehen sind.

Weil Tampons so klein sind, lassen sie sich gut verstauen und unauffällig handhaben. Ein Tampon besteht aus zusammengerolltem Baumwollvlies und einem Rückholfädchen. Manche haben ein Einführstäbchen. Tampons sind sehr saugfähig und können viel Blut aufnehmen. Es gibt sie in verschiedenen Größen. Die Größe richtet sich nicht danach, wie groß die Scheide ist, sondern nach der Stärke der Blutung. Während einer Blutung können also am Anfang und am Ende kleinere und in der Mitte größere Tampons verwendet werden. Bei einer sehr starken Blutung oder nachts kann zusätzlich noch eine Binde vorgelegt werden. Ein Tampon darf weder zu oft noch zu selten gewechselt werden. Wird er herausgezogen, wenn er sich noch nicht genügend vollgesogen hat, kann er die zarten Scheidenwände reizen. Länger als acht bis zehn Stunden sollte er jedoch nicht getragen werden. Wenn du das Bedürfnis hast, den Tampon häufiger zu wechseln, solltest du einen kleineren verwenden. Er saugt sich schneller voll und gleitet beim Wechseln leichter heraus.

// Wie bekomme ich schönere Zähne?

In der Mundhöhle leben Bakterien, die bei schlechter Reinigung eine harte Schmutzschicht, die Plaque, bilden. Bekommen diese Bakterien viel Zucker als Nahrung, bilden sich in dieser Schicht besonders viele Säuren, die nun ihrerseits den Zahn annagen. Forscher haben festgestellt, dass die Säuren schon zehn Minuten nach einem Stück Schokolade, einem Schokoriegel, einem Bonbon oder einer Praline dem Zahn zusetzen. Im Gegensatz zu Süßigkeiten werden andere Speisen – etwa Obst, Brot oder Kartoffeln – so langsam abgebaut, dass die entstehende Säure vom Speichel unschädlich gemacht werden kann. Deshalb sollte man sich auch nach dem Naschen die Zähne putzen.

Nach jeder Mahlzeit solltest du dir die Zähne putzen, zumindest aber morgens und abends zwei bis drei Minuten lang. Die Zeit vergeht schneller, wenn man dabei Musik hört und z. B. sein Lieblingslied lang bürstet. In der Apotheke gibt es Tabletten zu kaufen, mit denen sich testen lässt, wie gut du dir die Zähne geputzt hast. Sie färben den Zahnbelag, den du nicht wegbekommen hast, in grellen Farben. Du musst anschließend die Farbe gründlich abbürsten. So bekommst du ein Gefühl dafür, wann deine Zähne richtig sauber sind. Die Zahnzwischenräume lassen sich entweder mit Zahnseide und Zahnhölzern reinigen oder mit einer Munddusche durchspülen.

Immer mehr Zahnärzte empfehlen ihren Patienten übrigens Zahnpflegekaugummis oder ganz allgemein Kaugummi gegen Karies. Durch das Kauen verstärkt sich der Speichelfluss. Die im Speichel enthaltenen Stoffe machen den schädlichen Säuren, die durch Zucker und andere Kohlenhydrate entstehen, den Garaus. Gleichzeitig werden die ebenfalls im Speichel vorhandenen Kalzium- und Phosphatspuren im Zahnschmelz angelagert und härten ihn. Der Kaugummi sollte allerdings zuckerfrei sein.

Kaugummis helfen außerdem gegen Mundgeruch, so wie alles, was den Speichelfluss anregt, hilfreich ist, denn Mundgeruch entsteht meistens aus einem zu trockenen Mund. Deswegen haben viele Menschen am Morgen, direkt nach dem Aufwachen einen schlechten Geschmack im Mund. Beim Schlafen wird wenig Speichel gebildet und Bakterien können sich leichter an den Zähnen halten. Einen zu trockenen Mund bekommt man auch, wenn man zu wenig trinkt oder z. B. auch vom Rauchen (ein guter Grund, es sein zu lassen!). Wenn du das Gefühl hast, du hast auch oft am Tag Mundgeruch, obwohl du viel trinkst, solltest du zu einem Zahnarzt gehen, der dann überprüfen kann, ob du eventuell eine Infektion im Mund hast, die den Geruch hervorruft. In manchen Fällen können auch Stress und Depressionen die Speichelmenge im Mund beeinflussen. Mundgeruch ist auf jeden Fall nichts, womit du dich abfinden musst. Er kann behandelt werden.

Nur selten reiht die Natur die Zähne wie Perlen auf einer Schnur aneinander. Bei Fehlstellungen kann man heute mit einer Zahnspange die Zähne gerade stellen, etwa wenn sie weit auseinanderstehen oder sich eng hintereinanderschieben. Das wird heute meist mit der Multibandtechnik gemacht: Metallringe mit kleinen gelöteten Schlössern werden auf die Zähne geklebt. Sie besitzen einen Schlitz, durch den spezielle Drähte gezogen werden. Durch den Druck, den die Vorrichtung ausübt, werden die Zähne allmählich in die richtige Position gezogen. Bis zu zwei Jahre lang können diese Bänder im Mund bleiben. Wer sich scheut, diese Klammern sichtbar zu tragen, kann sie auch innen befestigen lassen. Das ist aber komplizierter und teurer. Außerdem lassen sich die Zähne sehr schlecht putzen.

Bevor du deine Zähne richten lässt, solltest du dir jedoch überlegen, ob es tatsächlich medizinisch nötig ist oder ob es dir nur um eine kosmetische Behandlung geht. Eine kleine Zahnlücke zum Beispiel kann sehr charmant sein, manche Stars, wie Madonna, Vanessa Paradis oder Elijah Wood, haben sie sogar zu ihrem Markenzeichen gemacht.

// Was muss ich beachten, wenn ich mich tätowieren oder piercen lassen möchte?

Dauerhafter Körperschmuck liegt seit einigen Jahren voll im Trend. Es ist wenig verwunderlich, dass viele Teenager Lust auf Tattoos und Piercings haben. Allerdings können sich Eltern oftmals nur wenig mit dem Wunsch ihrer Kinder anfreunden, denn vor allem Tattoos können schwer wieder entfernt werden. Ihre Argumente beziehen sich meist auf die gesundheitlichen Gefahren und die Nachteile bei der Jobsuche, sollte das Piercing oder Tattoo für alle sichtbar sein.

Gepiercte und tätowierte Menschen sind inzwischen in vielen Branchen und allen sozialen Schichten zu finden. Zudem könnten zumindest Piercings bei Bewerbungsgesprächen und später während der Arbeitszeit entfernt werden. Bei Tattoos ist das schon schwieriger, aber die meisten kann man unter seiner normalen Kleidung verstecken. Das wird wahrscheinlich nötig sein, wenn man einen Job hat, bei dem man regelmäßig mit verschiedenen Kunden arbeitet.

Solltest du den Wunsch verspüren, dir ein Tattoo oder Piercing stechen zu lassen, dann beachte vor allem den Hinweis auf die gesundheitlichen Gefahren: Augenbrauen- oder Nasenpiercings können den Trigeminusnerv treffen und zu starken Gesichtsschmerzen führen. Piercings im Mundinneren, also an der Zunge, an den Zähnen oder am Lippenbändchen, schädigen auf Dauer die Zähne und den Zahnschmelz. Bei Intimpiercings, die nicht komplett ausgeheilt sind, steigt die Gefahr, sich beim Sex mit Aids, Hepatitis B oder Geschlechtskrankheiten anzustecken. An den entstandenen Wunden können sich auch bei Beachtung aller Hygienevorschriften wuchernde, narbige Veränderungen bilden, sogenanntes »wildes Fleisch«. Bei Tätowierungen sollte man zusätzlich beim Hausarzt einen Allergietest mit den verwendeten Farben vornehmen. Einige Farben enthalten sogenannte Azofarbstoffe (synthetische Farbstoffe), deren gesundheitliche Auswirkungen im Körper bisher noch nicht absehbar sind.

Wenn du dir die Sache lang genug überlegt hast und du trotzdem ein Piercing oder Tattoo haben möchtest, dann achte unbedingt auf die Wahl eines seriösen Studios! Ein seriöses Studio erkennt man daran, dass es ein ausführliches Vorgespräch anbietet, in dem u.a. nach chronischen Krankheiten und regelmäßiger Medikamenteneinnahme gefragt wird, auf eventuelle Folgeschäden hingewiesen und detaillierte Anweisungen zur Nachbehandlung gegeben werden. Der verwendete Piercing-Schmuck sollte aus nickelfreien Edelmetallen wie Gold, Silber, Titan oder Platin angeboten werden. Ganz besonders wichtig ist die Hygiene im Studio! Elementar ist, dass Einweginstrumente und Einweghandschuhe benutzt werden, damit du dich nicht mit einer ansteckenden Krankheit, wie Aids oder Hepatitis, infizieren kannst.

Es gibt einige gesetzliche Regelungen, an die sich seriöse Studios halten. Prinzipiell darf sich zwar jeder Mensch piercen oder tätowieren lassen, aber der Vorgang selbst stellt eine »mutwillige Körperverletzung« dar. Deswegen müssen Kunden eine Verzichtserklärung unterschreiben. Minderjährige brauchen außerdem eine schriftliche Einwilligung der Eltern. Es gibt kein klares Gesetz, ab welchem Alter man sich tätowieren bzw. piercen lassen darf, da man nicht verallgemeinern kann, ab welchem Alter jemand die Folgen einer solchen Behandlung abschätzen kann. Hält der Tätowierer den minderjährigen Kunden für reif genug, kann er durchaus auch ohne Erlaubnis der Eltern handeln. Viele Piercer und Tätowierer lehnen jedoch die Behandlung von Jugendlichen unter 14, manchmal sogar unter 16 Jahren grundsätzlich ab. In der Schweiz ist die Regelung ähnlich, in Österreich ist das Tätowieren Minderjähriger verboten.

Bedenke auch bei deiner Entscheidung, dass der Trend von heute in einigen Jahren belächelt werden kann, wie z. B. beim sogenannten »Arschgeweih«. Auf jeden Fall solltest du bei einem Tattoo ein Motiv wählen, das dir gut und auf lange Sicht gefällt, denn du wirst es dein Leben lang ansehen müssen. Es gibt zwar mittlerweile einige Methoden, das Tattoo wieder entfernen zu lassen, aber das ist nicht nur kostspielig und langwierig, sondern kann auch gesundheitsschädlich sein und ist in jedem Fall schmerzhaft.

// Wie komme ich um Drogen herum?

Wahrscheinlich nur schwer. Wir leben in einer Gesellschaft, in der Drogen so alltäglich sind wie Essen und Trinken. Damit sind Naturdrogen gemeint wie Arzneien aus pflanzlichen und tierischen Stoffen oder aber auch Kaffee, Tee und colahaltige Getränke. Hinzu kommen Drogen wie Nikotin, Alkohol, synthetische Arzneien, Koks, Hasch, Heroin, Ecstasy und Crystal Meth. Gerade in der Welt der Jugendlichen spielen Drogen heute eine zunehmende Rolle. In der einen oder anderen Weise wirst du auf Drogen treffen. Alle Drogen üben einen Einfluss auf das Nervensystem aus. Fast alle Drogen machen abhängig. Wer einmal damit angefangen hat, kommt nur schwer wieder davon los. Dem schlechten Beispiel vieler Erwachsener folgend, greifen auch Jugendliche immer häufiger zu Drogen. Alkohol, Zigaretten und Medikamente sind dabei die unauffälligsten, weil sie von vielen Menschen konsumiert werden. Alkohol ist die verbreitetste Droge, weil es eine relativ billige Möglichkeit ist, sich in eine gehobene Stimmung zu versetzen. Alkoholtrinken als »Challenge« auf Facebook liegt bereits seit einiger Zeit im Trend, seine Ausführung nimmt jedoch immer extremere Ausmaße an. Mittlerweile sind sogar einige Jugendliche beim sogenannten Komasaufen gestorben.

Das Thema Alkohol ist generell nicht ganz einfach zu behandeln, denn Alkohol ist eine gesellschaftlich weitestgehend anerkannte Droge. Auf nahezu jedem Fest werden alkoholische Getränke angeboten und auch von fast allen Erwachsenen genossen. Gewöhnlich wächst man heutzutage schon mit dem Gedanken auf, dass Alkohol zu einer fröhlichen Runde dazugehört. Er wird ja auch öffentlich so beworben. In geringen Mengen getrunken, kann er tatsächlich zu einem entspannten Grundgefühl beitragen. Wie viel man von ihm verträgt, muss man allerdings allein herausfinden. Damit solltest du dir allerdings Zeit lassen! In jungen Jahren braucht es naturgemäß wenig, und es bringt nichts, gegen den eigenen Körper zu arbeiten, indem man, aus welchen Gründen auch immer, versucht, ihn zu überlisten und ihn eigentlich nur vergiftet. In den meisten Fällen schmeckt Jugendlichen anfangs auch Alkohol nicht. Du solltest an dieser Stelle wirklich auf den eigenen Körper hören und dir nichts reinzwängen, was du natürlicherweise nicht magst. Später wird es sich wahrscheinlich ändern, und wenn nicht, dann ist es umso besser! Du tust deiner Intelligenz einen großen Gefallen, denn besonders bei Jugendlichen wirkt sich Alkohol auf das Gehirn aus. Es befindet sich ja noch im Reifungsprozess. Die Gehirnregion Hippocampus, die für die Speicherung von Gedächtnisinhalten zuständig ist, kann durch dauerhaften und überhöhten Alkoholkonsum, vor allem beim »Komasaufen«, schrumpfen.

Die Gefahr des Alkoholismus besteht darin, dass man anfängt, nur zu trinken, um die eigene Stimmung zu verändern und Probleme zu vergessen. Manche sehen dann keinen anderen Ausweg oder bevorzugen den vermeintlich erst mal leichteren Weg, sich zu benebeln, statt den Problemen ins Auge zu sehen oder den Schritt weiterzugehen und sich von außen, z. B. durch einen Therapeuten, helfen zu lassen. Aus dieser Art von Alkoholgenuss entwickelt sich sehr leicht und schnell eine Abhängigkeit.

Die gesundheitlichen Risiken sind vor allem bei jungen Menschen nicht unbeträchtlich: Alkohol breitet sich schnell im gesamten Gehirn aus und kann lebenswichtige Funktionen betäuben. Atmung und Puls können so schwach werden, dass man das Bewusstsein verliert. Herzrhythmusstörungen und ein Schlaganfall können durch einen Rausch ausgelöst werden.

Besonders bei Mädchen und Frauen steigt die Gefahr, dass sie Opfer von Sexualdelikten werden. Warnsignale werden schlechter erkannt, und im Notfall kann man sich gegen einen Angriff nicht so gut wehren wie in nüchternem Zustand.

Betrunken ist man oft auch risikobereiter und man wird unvernünftiger. Man lässt sich daher eher auf Sachen ein, die man nüchtern niemals machen würde. Dazu zählt zum Beispiel ungeschützter Sex mit all seinen möglichen Konsequenzen oder betrunken Auto fahren.

Es ist nicht immer einfach, zu angebotenen alkoholischen Getränken »Nein« zu sagen, immerhin haben alle Teenager den Wunsch, dazuzugehören. Aber es wird eine Reihe von Freunden geben, die dich dafür bewundern. Selbst wenn sie das nicht laut äußern. Und du selbst hast allen Grund, auf deinen Mut stolz zu sein!

Für Zigaretten gibt es nicht ein einziges positives Argument. Rauchen ist weltweit eine der bedeutendsten Ursachen für einen vorzeitigen Tod. In den Zigaretten verbergen sich allein rund 50 krebserregende Stoffe. Lungen- und Kehlkopfkrebs sind die bekanntesten Auswirkungen. Rauchen steigert auch das Risiko, an anderen Krebsarten zu erkranken, von der Zunge bis zum Magen, von der Gebärmutter bis zur Blase. Es schädigt den gesamten Organismus, kann unfruchtbar und impotent machen. Je jünger ein Mensch zu rauchen anfängt, desto schlimmer und wahrscheinlicher sind auftretende Krankheiten. Bei jungen Mädchen kann Rauchen dazu führen, dass die Regelblutung ausbleibt und das Knochengerüst angegriffen wird.

Viele Menschen versuchen, sich mithilfe von diversen Pillen – zum Schlafen, zum Aufputschen, zum Beruhigen oder gegen Schmerzen – über einen anstrengenden und enttäuschenden Alltag hinwegzuhelfen. Jede siebte »Psychopille« wird sogar von Kindern unter sieben Jahren geschluckt. Tabletten haben vielfältige schlechte Auswirkungen auf den Körper. Sie machen ebenfalls abhängig, schädigen die Leber, die Nerven und meist auch den Magen, Darm und die Nieren.

Der Konsum von harten Drogen hat bei Jugendlichen in erschreckendem Ausmaß zugenommen. Die Konsumenten werden immer jünger. Kokain und Haschisch gehören für viele heute zum Alltag wie der Einlassstempel zum Club. Illegale Drogen gibt es an allen Ecken ohne große Schwierigkeiten. Momentan ist die sogenannte Partydroge Crystal Meth auf dem Vormarsch. Diese Substanz kann euphorisch machen und steigert die subjektive Leistungsbereitschaft. Lässt die Wirkung von kristallinem Methamphetamin, so die Übersetzung für Crystal Meth, nach, stellen sich Antriebslosigkeit und Gereiztheit ein. Bei regelmäßigem Gebrauch können Psychosen mit Wahnvorstellungen, Halluzinationen und Denkstörungen hervorgerufen werden. Leute, die Crystal Meth nehmen, berichten oft, dass sie schon nach kurzer Zeit die Kontrolle über ihren Konsum verlieren. Das hängt damit zusammen, dass Betroffene die Entzugserscheinungen als unerträglich wahrnehmen. Außerdem kommt hinzu, dass Crystal-Meth-Abhängige innerhalb kürzester Zeit auch körperlich sehr stark abbauen: Ihre Haut wird unrein bzw. anfällig für Ekzeme, ihre Zähne werden häufig schlecht und können sogar ausfallen und sie verlieren lebensgefährlich an Gewicht.

Ebenso gefährliche Drogen sind die Rauschgifte LSD, Kokain und Heroin. Ihre Auswirkungen sind besonders verheerend. Erbrechen, Verstopfung, Wahnzustände, Depressionen, Blutkrankheiten, Muskelschwund, psychische Störungen, Leberentzündungen, Unfruchtbarkeit und Knochenschwund sind praktisch mit inbegriffen.

Drogensüchtige sind meist gar nicht mehr fähig, ein normales Leben zu führen. Sie sind ständig damit beschäftigt, daran zu denken, wie sie das Geld für die nächste »Line« oder den nächsten »Schuss« bekommen. Meist geht das nicht, ohne dass sie kriminell werden oder sich sogar als Prostituierte Geld verdienen müssen.

Auch Marihuana und Hanf werden oft unterschätzt. Sie werden zwar manchmal sogar als Schmerzmittel bei bestimmten Krankheiten wie Krebs eingesetzt, aber eine Abhängigkeitsgefahr besteht auch hier.

Egal mit welcher Droge, letztlich setzt man seinen Verstand, seine Nerven und sein Leben aufs Spiel. Wer das nicht will, sollte auf Drogen verzichten. Am schlimmsten ist die körperliche und seelische Abhängigkeit, die ein normales Leben fast unmöglich macht. Kein Suchtmittel kann das Leben verbessern oder Probleme lösen. Das Gegenteil ist der Fall!

Wer bereits Drogenprobleme hat, braucht schleunigst Hilfe. Es ist ungeheuer schwer, da alleine wieder herauszufinden. Der Ausstieg aus einer Drogensucht ist langwierig und schmerzlich. Mit der Hilfe erfahrener Menschen ist das aber nicht unmöglich. Bei den eigens für drogengefährdete Jugendliche eingerichteten Beratungsstellen findest du Menschen, die für dich da sind (Adressen findest du ab Seite 161). Oft sind es ehemalige Drogenabhängige, die sich für andere einsetzen, weil sie das Leid und das Elend aus eigener Erfahrung kennen. Auch wenn du dir Sorgen machst um eine drogenabhängige Freundin oder einen Freund, kannst du dich hier beraten lassen. Es ist keine Schande, von einer Droge abhängig zu sein, wohl aber eine, nichts dagegen zu unternehmen.

// Warum ist Sport so wichtig für mich?

Sich ausreichend zu bewegen, macht sich in vielerlei Hinsicht bezahlt. Gerade für Jugendliche ist es ein guter Ausgleich zu der vielen Sitzerei zu Hause vor dem Computer oder in der Schule. Beim Sport bildet der Körper beispielsweise Stoffe, die Stresserscheinungen abbauen und gute Laune machen. Innere Unruhe, Lustlosigkeit und Niedergeschlagenheit bessern sich durch Bewegung! Sport hilft aber auch, den Körper straff, beweglich, energiegeladen und geschmeidig zu halten. Außerdem ist Sport zu treiben auch eine Investition für die Zukunft: Wer in seiner Jugend ausreichend Sport treibt, sorgt für starke Knochen und kräftige Organe fürs Alter. Sportliche Mädchen werden zudem seltener krank und haben manchmal sogar weniger Regelbeschwerden. Bewegung macht zudem klug, weil sie das Gehirn mit Energie speist. Zwei- bis dreimal wöchentlich für eine halbe Stunde aus der Puste kommen, wäre ideal.

Nach dem Sport solltest du beschwingt und nicht erschöpft sein, dann hast du das richtige Maß gefunden. Allerdings ist es nicht gut, aus falsch verstandenem Ehrgeiz zu übertreiben.

Das Wichtigste ist jedoch, dass du dich für eine körperliche Aktivität entscheidest, die dir Spaß macht, zu dir und in deinen Alltag passt. Was nützt es, wenn du dir vornimmst, morgens einen Waldlauf zu machen, wenn du morgens nicht gut hochkommst? Was hast du davon, wenn du gerne an Fitnessgeräten in einem Studio trainieren möchtest, es dir aber zu teuer ist? Was bringt das schönste Gymnastikprogramm, wenn du lieber tanzen gehen willst?

Du kannst dich frei nach Lust und Laune entscheiden. Jede Sportart tut dir gleich gut. Sie muss auch nicht unbedingt etwas kosten. Schwimmen, Radfahren, Spazierengehen, Wandern, Laufen, Seilspringen, Tanzen und Rudern sind ganz bewährte Möglichkeiten, ohne großen Aufwand fit zu bleiben. Als Faustregel gilt: Hinterher sollte man sich frischer fühlen als vorher. Außerdem geben dir die meisten sportlichen Betätigungen die Möglichkeit, mit Gleichaltrigen Spaß zu haben und Freunde zu finden.

// Wann muss ich zum Frauenarzt?

Wenn du keine besonderen Probleme hast und noch nicht zu verhüten brauchst, kannst du dir mit deinem ersten Besuch beim Frauenarzt ruhig Zeit lassen. Es kann aber durchaus sein, dass du dich gerne einfach einmal über bestimmte Dinge informieren möchtest – beispielsweise wenn du darüber beunruhigt bist, dass deine Regel noch nicht da ist, obwohl du schon 16 bist, oder über die bereits erwähnte Gebärmutterhalskrebsvorsorge. Das solltest du dann auch tun, denn eine kostenlose Impfung kannst du nur bis du 17 Jahre bist bekommen, und sie sollte möglichst vor dem ersten Sex stattfinden. Wenn du einen Freund hast, mit dem du schlafen möchtest, solltest du also auf jeden Fall vor dem ersten Mal einen Besuch beim Gynäkologen einplanen.

Mädchen, die regelmäßig Geschlechtsverkehr haben, sollten einmal im Jahr zur Untersuchung gehen. Frauen, die hormonell verhüten, müssen jedes halbe Jahr zur Kontrolle den Arzt aufsuchen. Bei folgenden Erscheinungen ist ein spontaner Arztbesuch vonnöten:

- bei Juckreiz und stark riechendem Ausfluss aus der Scheide
- bei Blutflecken im Slip, die nichts mit der Menstruation zu tun haben
- bei Problemen beim Wasserlassen oder beim Stuhlgang
- bei Schmerzen im Unterleib
- bei starken Schmerzen außerhalb der Regel
- bei äußerlich sichtbaren Veränderungen
- wenn die Monatsblutung länger als zehn Tage dauert
- wenn die Perioden in zu kurzen Abständen auftreten
- wenn extrem viel Blut verloren geht
- wenn zwischen den Menstruationen Blutungen auftreten
- wenn die Regel über längere Zeit ausbleibt
- wenn bei der Einnahme der Pille Kopfschmerzen und Sehstörungen auftreten
- wenn du den Verdacht hast, schwanger zu sein

Auch wenn du die Kinderkrankheit Röteln noch nicht gehabt hast, solltest du mit einem Frauenarzt darüber sprechen. Wer keinen Abwehrschutz gegen eine Rötelinfektion aufweist, gefährdet nämlich bei einer Schwangerschaft sein Baby. Mädchen sollten deshalb frühzeitig geimpft werden.

Der erste Arztbesuch ist wahrscheinlich für jedes Mädchen mit Unsicherheit, vielleicht sogar mit Angst verbunden. Das ist aber unnötig, wenn du weißt, was auf dich zukommt. Zunächst führt der Arzt oder die Ärztin mit der neuen Patientin ein ausführliches Gespräch. Er will wissen, welche Krankheiten du hast oder hattest, welche Operationen hinter dir liegen und ob du Medikamente einnimmst. Er interessiert sich für deine körperliche Entwicklung und für den Zyklus. Wenn du schon deine Regel hast, solltest du ihm sagen können, in welchen Abständen sie auftritt und wann die letzte Blutung war.

Danach folgt eine gründliche Untersuchung. Sie tut normalerweise nicht weh, wenn du dich nicht verkrampfst und der Arzt vorsichtig ist. Er schaut sich den Unterleib genau an, die Schamlippen, die Scheide und den Muttermund. Er tastet die Eierstöcke und die Gebärmutter ab. Mit einem Wattestäbchen macht er einen Abstrich aus der Scheide, um zu kontrollieren, ob sich dort Krankheitserreger befinden und ob sich die Zellen normal entwickeln. Bei erwachsenen Frauen wird dann noch die Brust abgetastet.

Du musst nicht zwangsläufig zu dem Arzt deiner Mutter gehen. Auch die Entscheidung, ob du lieber zu einem Arzt oder einer Ärztin gehst, liegt ganz bei dir. Wichtig ist, dass du Vertrauen zu deiner Frauenärztin oder deinem Frauenarzt gewinnen kannst. Bevor du zum Gynäkologen gehst, solltest du dich bei deinen Freundinnen oder Bekannten erkundigen, wer empfehlenswert ist und bei wem junge Mädchen höflich und respektvoll behandelt werden. Frauenärzte sollten nämlich bei jungen Mädchen besonders behutsam sein und sich für die Beratung viel Zeit lassen. Der Besuch beim Frauenarzt unterliegt natürlich auch bei minderjährigen Mädchen der ärztlichen Schweigepflicht.

// Was soll ich tun, wenn ich denke, ich kann nicht mehr?

Teenager fühlen sich manchmal einsam und allein. Manchmal selbst dann, wenn eine Menge anderer Menschen um sie herum sind. Das ist völlig normal in dieser Zeit. Du wirst empfindsamer, musst lernen, Rückschläge einzustecken und dich mit negativen Gefühlen auseinanderzusetzen. Bei einigen schlagen diese Verlassenheitsgefühle in eine so tiefe Verzweiflung um, dass sie nicht mehr wissen, wie es mit ihnen weitergehen soll. Sie fühlen sich todtraurig und empfinden ihre Situation als ausweglos. Immer wieder kommt es vor, dass junge Menschen am Leben so verzweifeln, dass ihnen der Tod besser vorkommt als das Leben. Doch der Tod löst keine Probleme, er beendet sie nur. Viele junge Menschen, die über Selbstmord nachdenken, wollen wahrscheinlich gar nicht sterben, finden aber keinen Weg ins Leben zurück. Sie wollen nicht wirklich tot sein, nur nicht so weiterleben wie bisher. Sie sehnen sich in erster Linie nach Ruhe, Geborgenheit, Schlaf und Vergessen.

Wer seinem Leben selbst ein Ende setzen will, ist in einer ganz tiefen Krise – etwa mit sich selbst, seiner Familie, mit Liebeskummer oder Schulproblemen. Die Krise ist der Endpunkt einer längeren Leidensgeschichte, die manchmal schon in der Kindheit begonnen hat und eine Mischung von Leid, Kränkung, Trennung, Verlust, Gewalt, körperlichen und seelischen Schmerzen sein kann. Was wir als positives oder negatives Marschgepäck aus der Kindheit mitbringen, beeinflusst viele Dinge im späteren Leben. Wer schon einen schweren Rucksack trägt, hat es in den unüberschaubaren Wirbelstürmen des Erwachsenwerdens schwerer. Ein lebensmüder Jugendlicher fühlt sich vor allem von für ihn wichtigen Personen in seiner Umgebung nicht verstanden, nicht geliebt, nicht so angenommen, wie er ist. Das liegt oft auch daran, dass sich beide Eltern wenig Zeit nehmen für ihr Kind oder andere Probleme haben, wie Arbeitslosigkeit oder akute Geldsorgen, die sie so beschäftigen, dass sie ihr Kind nicht mehr richtig wahrnehmen. Die auslösende Situation in der Gegenwart ist also selten der wahre Grund für dieses totale »Ich kann nicht mehr«.

Jeder Versuch, sich selbst das Leben zu nehmen, ist ein Schrei nach Hilfe, nach dem Geliebt-werden-Wollen, nach Verständnis und besseren Beziehungen. Solltest du dich in einer solchen Krise befinden, kannst du ganz sicher sein: Es gibt immer Menschen, die sehr daran interessiert sind, dass du lebst. Wichtig ist, dass du darüber sprichst! Wenn du dich keiner Person aus deinem Umfeld anvertrauen möchtest, kannst du auch von bestimmten öffentlichen Vereinen Hilfe bekommen (Adressen findest du im Anhang). Welches Problem du auch immer hast, du kannst dir sicher sein, dass du nicht allein damit fertig werden musst. Es gibt kein Rezept für ein geglücktes Leben, aber es gibt Wege, die dorthin führen können, und Menschen, die dich gerne begleiten.

// wach

»Ich geh meine eigenen Wege, ein Ende ist nicht abzusehen. Eigene Wege sind schwer zu beschreiben, sie entstehen ja erst beim Gehn.« Diese Liedzeile schildert wahrscheinlich mehr als alles andere die Situation, in der du dich gerade befindest.

Dein Ziel ist es, erwachsen zu werden und mit dir selbst in Einklang zu leben. Was das für dich bedeutet, und auf welchem Weg du dorthin kommst, kannst nur du bestimmen. Bei deinen Freundinnen kann dieses Ziel eine völlig andere Ausprägung haben. Inzwischen weißt du, dass es viele verschiedene Wege gibt, die zu einem Ziel führen können. Du stellst viele Weichen für deine Zukunft. Die Tatsache, wie es dir gelingt, durch die Pubertät zu kommen, bestimmt über das ganze weitere Leben. Zum ersten Mal entscheidest du selbst, welchen Weg du nehmen wirst.

Obwohl dir für vieles noch die Verantwortung abgenommen wird, liegen dein körperliches und seelisches Wohlbefinden, deine Gesundheit und dein beruflicher Werdegang schon jetzt zum größten Teil in deiner eigenen Hand. Es kommt nun sehr darauf an, dass du wachsam mit dir selbst umgehst und gut auf dich achtest.

Die Pubertät ist aber nicht nur eine Zeit des Aufbruchs, sondern auch des Abschieds: Du musst Abschied nehmen von deiner Kindheit, ohne zu wissen, worauf du zugehst. Du musst Abschied nehmen von Vertrautem, Verlässlichem, Selbstverständlichem. Das geht mal sanfter, mal abrupter. Du musst auch Abschied nehmen von deinem Kinder-Ich und deine eigenen Höhen und Tiefen durchleben.

Selbst wenn du gelegentlich den Eindruck hast, alles locker und cool bewältigen zu können, wirst du oft nicht wissen, wie du letztendlich allein mit der Welt klarkommen sollst. Damit ist auch ein gewisses Eingeständnis von Schwäche verbunden. Die meisten von uns können bestimmte Dinge gut, andere wiederum gar nicht. Und immer wieder kommt es vor, dass man sich etwas wirklich vornimmt, dann aber nicht konsequent genug ist und vorher schlappmacht. Alle Menschen sind gut gemixt mit Stärken und Schwächen versehen. Das ist auch in Ordnung, denn sonst würde mancher von uns leicht über das Ziel hinausschießen.

Seinen eigenen Stärken und Schwächen gegenüber bewusst wach zu sein, ist schön und traurig zugleich. Es ist etwas, worauf man stolz sein kann, und etwas, was einem vielleicht gar nicht gefällt. Während du dich in deiner Pubertät entwickelst, nimmst du dir deine schwachen Seiten vielleicht noch sehr übel. Du wirst mit der Zeit sehen, wo du was an dir verändern willst, aber auch lernen, wo du dir etwas nachsehen musst und möchtest.

An dem Punkt, wo du sagst: »So bin ich und nicht anders – und das finde ich auch gut so«, hast du auch aus deinen Schwächen eine Stärke gemacht. Die Kunst des Erwachsenwerdens liegt in der Erkenntnis: Sei du selbst in allem, was du tust, denkst und fühlst! Denn du bist das Beste, was dir auf den Lebensweg mitgegeben wurde!

// weiter

// Wo finde ich Hilfe, wenn ich welche brauche?

Der Verein Nummer gegen Kummer ist die Dachorganisation des größten kostenfreien telefonischen Beratungsangebotes für Kinder, Jugendliche und Eltern in Deutschland und ist unter den einheitlichen Rufnummern 116111 und (0800) 1110333 erreichbar. Die Anrufe werden auf derzeit 94 regionale Standorte verteilt und dort von ehrenamtlichen, speziell für diese Aufgabe ausgebildeten Beratern entgegengenommen.

Wenn du nicht anrufen möchtest, kannst du dich auch in einem passwortgeschützten Internetportal anonym anmelden.

Zusätzlich gibt es an elf Standorten auch das Jugendliche-beraten-Jugendliche-Projekt (JBJ). Die Jugendlichen sind zwischen 16 und 21 Jahre alt und erhalten vor ihrer Beratungstätigkeit, genau wie die erwachsenen Berater, eine rund 80-stündige psychologische Ausbildung. In München trägt Jugendliche beraten Jugendliche den Beititel Teens on phone. Im Rahmen des Safer-Internet Programms der EU wurde das Kinder- und Jugendtelefon von Nummer gegen Kummer auch eine Anlaufstelle für alle Sorgen rund um das Internet. Um Anrufer zu diesem Thema kompetent beraten zu können, wurden alle Ehrenamtlichen anhand der EU-Initiative www.klicksafe.de nachgeschult.

Kinder und Jugendliche, die in Not sind, Liebeskummer, Schulstress oder Probleme mit den Eltern haben, können auch das Sorgentelefon des Deutschen Kinderschutzbundes anrufen. Unter den Telefonnummern (0800) 1110111 und (0800) 1110222 sind die Sorgentelefone bundesweit in vielen

Städten zu erreichen, ebenfalls gebührenfrei in Österreich unter Tel. (0800) 20 14 40 und in der Schweiz unter Tel. (0800) 55 42 10.

Unter den Stichworten »Telefonseelsorge«, »Kindernotdienst«, »Krisenberatung«, »Kinderkummer«, »Kindersorgentelefon« oder »Sorgentelefon« stehen im Internet oder in jedem Telefonbuch noch mehr Beratungsstellen, die man zum Teil rund um die Uhr anrufen kann. Du kannst dich auch an das Jugendamt wenden, deine Kirchengemeinde, die Caritas und das Diakonische Werk. Wenn du an deinem Ort nichts findest oder dort nicht anrufen möchtest, kannst du auch in einer anderen Stadt anrufen. Man wird auf alle Fälle ein offenes Ohr für dich haben und dir weiterhelfen.

Im Folgenden werden einige weitere Institutionen aufgeführt, an die du dich wenden kannst, wenn du Sorgen oder Probleme hast. Bitte bedenke aber, dass es sich nur um einige ausgewählte Institutionen handelt und sich die Adressen oder Telefonnummern möglicherweise ändern können.

Für Jugendliche mit seelischen Problemen:

Kinder- und Jugendtelefon des
Deutschen Kinderschutzbundes
(Bundesweite Sondernummer
bei allen Sorgen und Problemen,
ob mit Schule, Eltern, Freund
oder Freundin)
(0800) 111 03 33 (kostenfrei)
www.nummer-gegen-kummer.de
und www.teensonphone.de

Telefonseelsorge (kostenfrei)
(0800) 111 01 11 (evangelisch)
(0800) 111 02 22 (katholisch)
www.telefonseelsorge.de

Jugendnotdienst
Mindener Str. 14
D-10589 Berlin-Charlottenburg
(030) 61 00 62
www.berliner-notdienst-kinder-
schutz.de

Kinderschutzzentrum Berlin
Familienberatungsstelle
(030) 683 91 10
(0800) 111 04 44
www.kinderschutz-zentrum-
berlin.de

Krisendienst (Weitervermittlung)
(030) 390 63 00
www.berliner-krisendienst.de

Emotions Anonymous
(EA für Kinder)
EA-Kontaktstelle Deutschland
Katzbachstr. 33
D-10965 Berlin
(030) 68 83 46 63
www.emotionsanonymous.de

Beistand gegen Sekten-Unwesen:

Aktion für Geistige und
Psychische Freiheit
Bundesverband Sekten- und
Psychomarktberatung e.V.
Grabenstraße 1
D-53579 Erpel
(02644) 980 130
www.agpf.de
(bietet Vermittlung zu geeigneten
Beratungsstellen an)

Evangelische Zentralstelle für
Weltanschauungsfragen
Auguststraße 80
D-10117 Berlin
(030) 283 95 211
www.ekd.de/ezw

Sekten-Info Essen e. V.
Rottstr. 24
D-45127 Essen
(0201) 23 46 46
www.sekten-info-nrw.de

Bei Vergewaltigung und sexuellem Missbrauch:

Inzwischen gibt es auch in fast jeder kleineren Stadt Beratungsstellen oder Selbsthilfegruppen für Mädchen und Jungen in Not. Man kann sich im Internet, beim Jugendamt, der pro familia oder anderen größeren Organisationen danach erkundigen. Übrigens können Jungen heute auch in den Häusern Hilfe erwarten, die sich ursprünglich nur um Mädchen kümmerten.

Arbeitsgemeinschaft Deutscher Frauen- und Kinderschutzhäuser
Waldstr. 6
D-30916 Isernhagen

Notruf für vergewaltigte Frauen und Mädchen
(030) 251 28 28
www.jugendhilfeportal.de/db1/
institution/eintrag/arbeitsgemein-
schaft-deutscher-frauen-und-
kinderschutzhaeuser/

Zartbitter e. V.
Kontakt- und Informationsstelle gegen sexuellen Missbrauch an Mädchen und Jungen
Sachsenring 2
D-50677 Köln
(0221) 31 20 55
www.zartbitter.de

Wildwasser Berlin e. V.
Dircksenstr. 47
D-10178 Berlin
(030) 282 44 27
www.wildwasser-berlin.de

Schattenriss e. V.
Waltjenstraße 140
D-28237 Bremen
(0421) 61 71 88
www.schattenriss.de

Bundesarbeitsgemeinschaft Prävention & Prophylaxe e. V.
Hartzlohplatz 5
D-22307 Hamburg
(040) 18 03 36 08
www.praevention.org

Dunkelziffer e. V.
Albert Einstein Ring 15
D-22761 Hamburg
(040) 42 10 70 00
www.dunkelziffer.de

Allgemeine Beratungs- und Krisenstellen:

Bundesarbeitsgemeinschaft
Kinder- und Jugendschutz e. V.
(BAJ) und Deutscher Bundes-
jugendring
Mühlendamm 3
D-10178 Berlin
(030) 40 04 04 00
www.dbjr.de

Bundeskonferenz für
Erziehungsberatung – Der
Fachverband für Erziehungs-,
Familien- und Jugendberatung
Herrnstr. 53
D-90763 Fürth
(0911) 97 71 40
www.bke-beratung.de
(bieten auch einen Chat, Forum
und E-Mail-Beratung an)

Kinderschutzzentrum
Emilienstr. 78
D-20259 Hamburg
(040) 491 00 07
www.kinderschutzzentrum-hh.de
(Kinderschutzzentren gibt es
auch in vielen anderen Städten!)

Internationale Jugendgemein-
schaftsdienste e. V.
Kaiserstraße 43
D-53113 Bonn

(0228) 22 80 00
www.ijgd.de

Deutsche Arbeitsgemeinschaft
Selbsthilfegruppen
Otto-Suhr-Allee 115
D-10585 Berlin-Charlottenburg
(030) 893 40 14
www.dag-shg.de

Verein für Internationale
Jugendarbeit e. V.
Urbanstr. 44
D-70182 Stuttgart
(0711) 51 88 58 75
www.vij.de

Bei Drogenproblemen:

Die großen Kirchen haben meist
eigene Hilfs- und Beratungsstellen für Drogenprobleme,
ebenso die örtlichen Gesund-
heitsbehörden. Erkundigen kann
man sich auch beim Jugendamt.
Die Bundesländer haben jeweils
einen Drogenbeauftragten.

Drogen-Notdienst:
(030) 192 37
www.drogennotdienst.org

Tag-und-Nacht-Telefon-Notruf
für Suchtgefährdete in
München
Notruf-Nr. (089) 28 28 22
Beratungs- und Therapiezentrum
(089) 242 08 00

Bundeszentrale für gesundheitliche Aufklärung (BzgA)
Ostmerheimer Straße 220
D-51109 Köln
(0221) 899 20
www.bzga.de

Deutsche Hauptstelle für Sucht-
fragen e.V. (DHS)
Westring 2
D-59065 Hamm
(02381) 901 50
www.dhs.de

Fachverband Drogen und
Rauschmittel e.V. (fdr)
Gierkezeile 39
D-10585 Berlin
(030) 85 40 04 90
www.fdr-online.info

Gesellschaft gegen Alkohol-
und Drogengefahren e.V. (GAD)
Wolkensteiner Str. 1
D-09518 Großrückerswalde
(03735) 66 07 70
www.gad-sachsen.de

Verband ambulanter Behand-
lungsstellen für Suchtkranke
und Drogenabhängige e.V.
(VABS)
Karlstraße 40
D-79104 Freiburg
(0761) 20 03 63
www.caritas-suchthilfe.de

Anonyme Alkoholiker (AA)
Bundesweit: 19295
www.anonyme-alkoholiker.de/
young.html
(Online Meetings möglich)

Bei Verhütungsfragen und sexuellen Problemen:

Bundesverband der pro familia
Stresemannallee 3
D-60596 Frankfurt
(069) 26 95 77 90
www.profamilia.de
(pro-famila-Einrichtungen gibt's
in jeder größeren Stadt)

Deutsche AIDS-Hilfe e.V.
Wilhelmstr. 138
D-10963 Berlin
(030) 690 08 70
www.aidshilfe.de

Aids-Telefon
Bundeszentrale für gesundheitliche Aufklärung
Ostmerheimer Str. 220
D-51109 Köln
(01805) 555444
www.bzga.de

Sonstige Adressen:

Infos zum Freiwilligen
Sozialen Jahr
www.pro-fsj.de

Infos zum freiwilligen
ökologischen Jahr
www.foej.de

Infos zu Schüleraustausch-
Stipendien
www.schueleraustausch-
portal.de/stipendien/
finanzierungshilfen/

Bei Web-Problemen, Cybermobbing:

www.youpod.de
(vertrauliche E-Mail-Beratung)

www.kijumail.de
(Online-Portal der Nummer-
gegen-Kummer-Organisation)

www.youth-life-line.de
(Geschulte Jugendliche beraten
Jugendliche.)

www.junoma.de
(Beratung auf Deutsch und
Türkisch)

www.schulpsychologie.de
(Hier kannst du den für dich
zuständigen Schulpsychologen
finden.)

www.bke-beratung.de
(Beratung, Chat möglich)

www.weisser-ring.de
(Beratung für Opfer von Krimi-
nalität und deren Familien)

www.hungrig-online.de
(Info und Beratung bei Ess-
störungen)

Aids Hilfe Haus Wien
Mariahilfer Gürtel 4
A-1060 Wien
(01) 5 99 37
www.aids.at

Anonyme Alkoholiker Zentrale
Kontaktstelle Wien
Barthgasse 5
A-1030 Wien
(01) 799 55 99
www.anonyme-alkoholiker.at

Kindertelefon
Rüdengasse 11
A-1030 Wien
(01) 319 66 66

Change
Beratungsstelle für drogen-
gefährdete Jugendliche
Theresiengasse 9 / Tür 6
A-1180 Wien
(01) 406 23 02

p. a. s. s.
Hilfe bei Suchtproblemen
Alserstr. 24/11a
A-1090 Wien
(01) 714 92 18
www.pass.at

DIALOG
Hilfs- und Beratungsstelle für
Suchtgiftgefährdete und deren
Angehörige
Hegelgasse 8/13
A-1010 Wien
(01) 512 01 81 81
www.dialog-on.at

SIGIS
Service und Informationsstelle
für Gesundheitsinitiativen und
Selbsthilfegruppen
Fonds »Gesundes Österreich«
Aspernbrückengasse 2
A-1020 Wien
(01) 895 04 00
www.fgoe.org

Servicestelle für Selbsthilfegruppen
Kendlerstr. 40 a
A-1160 Wien
(01) 53 11 48 55 15

Österreichischer Kinder-
schutzbund
Obere Augartenstr. 26–28
A-1020 Wien
(0) 699 81 51 38 11
www.kinderschutz.at

Gesellschaft gegen Sekten-
und Kultgefahren
Obere Augartenstr. 26–28
A-1020 Wien
(01) 332 75 37
www.sektenberatung.at

Beratungsstelle für sexuell
missbrauchte Mädchen und
junge Frauen
(01) 587 10 89
www.maedchenberatung.at

Notruf für vergewaltigte
Frauen & Mädchen
(01) 523 22 22
www.frauenberatung.at

24-Stunden-Frauennotruf
(01) 717 19
www.wien.gv.at

Bundesministerium für Familie
und Jugend
(Auskunft und Information zu
Beratungsstellen)
Franz-Josefs-Kai 51
A-1010 Wien
(01) 711 00 0
www.bmfj.gv.at

Kinderschutzzentrum
»die möwe«
Börsegasse 9/1
A-1010 Wien
(01) 532 14 14
www.die-moewe.at

Beratung bei Web-Problemen, Cybermobbing:

rataufdraht@orf.at

www.junoma.de
(Beratung auf Deutsch und
Türkisch)

// Schweiz

Aids-Hilfe Schweiz
Konradstr. 20
CH-8031 Zürich
(01) 447 11 11
www.aids.ch

Bundesamt für
Gesundheitswesen
Koordinationsstelle für
Drogenfragen
Schwarztorstr. 96

3003 Bern
(031) 323 87 90
www.bag.admin.ch

Schweizerische Fachstelle für
Alkohol- und andere Drogenprobleme (SFA)
Avenue Louis-Ruchonnet 14,
CH-1003 Lausanne
(021) 321 29 11
www.sfa-ispa.ch

Nottelefon bei sexuellem Missbrauch (Basel)
(061) 261 89 89

pro familia
Marktgasse 36
CH-3001 Bern
(031) 381 90 30
www.profamilia.ch

Verein Drogenentzug und
Drogenhilfe
Langstr. 116
CH-8004 Zürich
(01) 291 55 88

Pro Juventute
147
www.147.ch
(Kontakt per Anruf, SMS, E-Mail
und Chat möglich)

Informations- und Beratungsstelle für Sekten- und Kult-
fragen (infoSekta) e. V.
Streulistr. 28
CH-8032 Zürich
(01) 454 80 80
www.infosekta.ch

adebar, Familien-, Sexual- und
Schwangerschaftsberatung
Sennensteinstr. 5
CH-7000 Chur
(081) 250 34 38
www.adebar-gr.ch

Beratung bei
Web-Problemen,
Cybermobbing:

www.kopfhoch.ch

www.junoma.de
(Beratung auf Deutsch und
Türkisch)

Auch Jungs haben Fragen! :-)

Sylvia Schneider
Katrin Warnstedt

DAS
Jungen-
FRAGEBUCH

Wachsen und erwachsen werden

ueberreuter

HIER GEHT'S ZUR LESEPROBE →

Warum beginnt die Sexualität so plötzlich?
Tut sie gar nicht, sie ist von Geburt an da. Doch erst wenn die Hormonbildung in Gang kommt, macht sie sich richtig bemerkbar.

Woran merke ich, ob die Pubertät angefangen hat?
Erst beginnen deine Hoden zu wachsen, dann deine Schamhaare. Danach wird dein Penis größer.

Wo werden die Samen gebildet?
In den Hoden. Das dauert etwa zwei Monate. Die Samen werden in den Nebenhoden »zwischengelagert«.

Was sind »feuchte Träume«?
So nennt man den unwillkürlichen Samenabgang. Das passiert zu Beginn deiner Entwicklung meist nachts.

Wird mein Glied groß genug?
Ganz sicher. Durch die Versteifung wächst es bei allen Männern fast auf die gleiche Größe an.

Wozu ist die Vorhaut da?
Sie schützt die empfindliche Spitze des Gliedes und ist die Reservefalte für die Versteifung.

Was ist bei Mädchen in der Pubertät anders?
Sie kommen etwa ein bis anderthalb Jahre früher in die Pubertät und entwickeln dennoch ihre Sexualität oft langsamer.

// Was verändert sich in der Pubertät?

Wir alle kommen schon als geschlechtliche Wesen auf die Welt – von Geburt an ist ein Junge ein kleiner Mann und ein Mädchen eine kleine Frau.

Kindern sind sexuelle Gefühle nicht bewusst. Wie der Mensch nicht von Geburt an laufen kann, entwickelt sich auch die Sexualität nach und nach – selbst wenn sie von Anfang an angelegt ist. Das geht über mehrere Stufen, die ganz allmählich ineinanderfließen. Jeder Mensch hat dabei sein eigenes Entwicklungstempo. Bei dem einen Kind beginnt eine Etappe früher, bei einem anderen später. Das gilt gerade für die Pubertät, in der du jetzt steckst.

Für Kinder ist es lebenswichtig, von Vater und Mutter Aufmerksamkeit und Streicheleinheiten zu bekommen. Durch den zärtlichen Umgang lernt ein Kind, dass es einen Körper hat. Schon auf dem Wickeltisch begreift es seinen Körper und macht logischerweise vor seinen Geschlechtsteilen nicht halt. Ein kleines Mädchen erfährt seine Scheide, ein Junge sein Glied als normalen Teil seines Körpers wie Nase oder Ohren. Das Glied kann sich bereits bei ganz kleinen Jungen versteifen. Das hat aber noch nichts mit bewusster Erfahrung zu tun.

In den Hoden werden von der Pubertät an Hormone gebildet, die dafür verantwortlich sind, dass der Körper sich allmählich verändert und du dich langsam zum Mann entwickelst. Etwa vom neunten Lebensjahr an nehmen sie ihre Arbeit auf. Der Zeitpunkt ist im Prinzip in unserem Erbgut angelegt. Doch wodurch dieser Schub genau ausgelöst wird, weiß man noch nicht. Man nimmt an, dass der Teil des Gehirns, der die Hormonbildung steuert, den Geschlechtsorganen befiehlt, ihre Hormone zu bilden, sobald ein Kind ein bestimmtes Wachstumsstadium erreicht hat.

Hormone sind Stoffe, die der Körper in Drüsen bildet und mit denen er einen großen Teil seiner Abläufe steuert.

Zum Beispiel kontrolliert er damit das Wachstum, die Stimmung, die Fortpflanzung, die Sexualität oder bestimmte Krankheiten. Die Hormone, mit denen der Körper Sexualität und Fruchtbarkeit steuert, gehören zu den wichtigsten des Menschen. Sie sind der Taktgeber für die Pubertät.

// Woran merke ich, dass ich in der Pubertät bin?

Dass sich in deinem Körper ein wichtiger Entwicklungsschritt vollzieht, sieht man dir zunächst nicht an. Du selbst merkst es jedoch vielleicht daran, dass du nachts einen unwillkürlichen Samenerguss hast. Das kann passieren, noch bevor der Wachstumsschub einsetzt, der deutlich macht, dass du nun in der Pubertät bist. Das sollte dich nicht beunruhigen. Wissen musst du jedoch, dass jeder Junge vom ersten Samenerguss an ein Kind zeugen kann.

Doch durch die Pubertät verändert sich natürlich im Laufe der Zeit auch sichtbar etliches: Der Wachstumsschub setzt ein, an dessen Ende du deine endgültige Körpergröße erreichst. Die Hoden beginnen allmählich Hormone auszuschütten und Samen zu bilden. Durch die Hormonausschüttung werden deine Arme und Beine länger. Deine Brust und deine Schultern verbreitern sich. Dein Gesicht verändert seine Züge, sie werden erwachsener. Deine Stimme bekommt nach dem Stimmbruch einen tieferen Klang, und unter den Achseln, an der Scham und im Gesicht beginnen Haare zu sprießen. Die Haut wird fettiger und wahrscheinlich für eine Weile pickeliger. Du schwitzt mehr und entwickelst einen männlicheren Körperduft. Die Muskeln vergrößern sich und werden stärker.

Mit etwa elf bis zwölf Jahren bemerkt ein Junge, dass seine Hoden größer geworden sind und sich die ersten Schamhärchen kringeln. Ungefähr ein Jahr später beginnt auch das

Glied zu wachsen. Dafür ist die Ausschüttung des männlichen Geschlechtshormons Testosteron verantwortlich. Gemessen an der Kindheit verdoppelt das Glied etwa bis zum 16. Lebensjahr seine Größe.

Die beiden eiförmigen Hoden, die im Hodensack zwischen den Beinen hängen, sind die zentrale Schaltstelle der männlichen Sexualität und Fruchtbarkeit. Sie werden von feinen Nerven und Blutgefäßen durchzogen und haben bei jedem Mann eine etwas andere Größe. Im statistischen Durchschnitt sind sie etwa viereinhalb bis fünf Zentimeter lang und zweieinhalb Zentimeter dick. Die Größe der Hoden sagt nichts über die Potenz oder die Menge der ausgeschütteten Hormone aus. Die Größe der Hoden und des Penis ist vor allem erblich bedingt. Großvater, Vater und Sohn ähneln sich hier sehr.

Meist hängt der linke Hoden tiefer und ist ein wenig kleiner als der rechte. Es wird vermutet, dass die Natur dies so eingerichtet hat, damit die Hoden nicht gequetscht werden und schmerzen, beispielsweise beim Gehen oder wenn die Beine übereinandergeschlagen werden. Andererseits ist es aber meist auch so, dass fast alle Menschen zwei unterschiedlich große Hände und Füße haben. Bei Frauen sind meistens die beiden Brüste unterschiedlich groß.

Nur an einer Stelle haben die Hoden eine feste Verbindung zum übrigen Körper. Am hinteren Teil führt die Versorgungsleitung mit Blutgefäßen, Nervenbahnen und Samensträngen vom Körper in die Hoden. Die Haut der Hoden ist etwas dunkler gefärbt als die übrige Haut. Sie ist außerordentlich faltenreich, widerstandsfähig und sensibel zugleich. Dass die Hoden sehr schmerzempfindlich sind, wirst du wahrscheinlich schon lange aus eigener Erfahrung wissen. Deswegen halten Fußballer und andere Sportler im Notfall (sprich: beim Freistoß) schützend die Hände vor diesen empfindlichen Körperteil. Du weißt selbst, wie höllisch es wehtun kann, wenn die Hoden gekniffen, geschlagen oder getreten

werden. Auf zarte Berührungen reagieren sie jedoch sehr empfindsam und lustvoll.

Die Hoden liegen außerhalb des Körpers, weil sie eine niedrigere Körpertemperatur brauchen als die übrigen Organe. Die normale Temperatur, die im Körperinneren herrscht, wäre zu hoch für die Samenbildung. Außerhalb des Körpers werden sie in der richtigen Temperatur gehalten. Zusätzlich wird die Temperatur noch über die Hautfalten reguliert. Sind die Hoden entspannt und haben die richtige Wärme, entfalten sie sich und hängen tiefer herunter als sonst. Wird es ihnen zu warm, entfernen sie sich noch weiter vom Körper, um sich nur ja nicht aufheizen zu lassen. Ist es kalt, ziehen sie sich dagegen zusammen und rücken an den Körper heran. Bei Angst oder Schreck tun sie das übrigens auch. Das hast du bestimmt auch schon bei dir selbst beobachtet.

Testosteron ist das wichtigste männliche Geschlechtshormon, das in den Hoden gebildet wird. Den meisten Raum in ihrem Inneren nehmen meterlange feine Röhrchen ein, die wie Wollfäden aufgewickelt sind und die Samenzellen bilden. Wie Fließbänder in einer Autofabrik verwandeln diese Röhrchen mit der Zeit Abermillionen Zellen von gewöhnlichem Aussehen in kleine Flitzer und machen sie mit vorgewärmtem Motor startbereit. Das Testosteron selbst wird in kleinen Inseln zwischen den Röhrchen gebildet. Sie nehmen nur Bruchteile des Platzes für sich in Anspruch.

Irgendwann bleibt auch deiner Umwelt deine Entwicklung zum Mann nicht mehr verborgen. Darauf wirst du einerseits sehr stolz sein, manchmal wird es dich wahrscheinlich aber auch so verwirren, dass du dich am liebsten irgendwo verkriechen möchtest, wo dich keiner in diesem Verpuppungsstadium sehen kann. Das ist in dieser Zeit völlig normal.

// Warum ist meine Stimme auf einmal so komisch?

Wenn die Hormonausschüttung in den Hoden begonnen hat, wird deine Stimme langsam anders. Meist ist das etwa um das 14. Lebensjahr herum der Fall. Beim Stimmbruch verändern sich Stimmbänder und Kehlkopf, dadurch wandelt sich die kindlich hohe Stimme zur männlich raueren. Das geschieht nicht sanft und allmählich, sondern ziemlich abrupt. Die Stimme bricht deutlich hörbar durch Piepsen und Krächzen. Mal ist sie schon männlich tief und dann wieder ganz hoch wie in der Kindheit.

Du selbst wirst es wahrscheinlich ziemlich nervig finden, dass Erwachsene deine Art zu sprechen in dieser Zeit häufig mit einem Lächeln begleiten oder sie einfach süß finden. Oder dass deine Freunde und Schulkameraden dich deswegen ärgern. Lass dich dadurch bloß nicht verunsichern. Jeder Junge macht den Stimmbruch durch. Nimm es ruhig als Kompliment oder (wenn du das schaffst) mit Humor und freu dich, dass du nun in eine neue Lebensphase aufbrichst.

// Ab wann kann ich mich rasieren?

Das lässt sich nicht genau sagen. Meist ist es zwischen dem 14. und 18. Lebensjahr so weit. Bei dem einen Jungen geht es früher los, beim anderen dauert es länger. Das hängt von der Hormonbildung ab und davon, was für ein Haarwuchs dir von deinen Eltern mitgegeben wurde. Allgemein lässt sich sagen, dass du dich dann rasieren solltest, wenn du es möchtest oder die Barthaare beginnen, dich zu nerven. Eigentlich ist es anfangs ja nur ein kleiner Flaum, der sich auf der Oberlippe und vor den Ohren bildet. Aber es ist mehr als verständlich, dass du diesen Moment herbeisehnst. Denn schließlich ist der Bart ein deutliches Zeichen des Erwachsenseins.

Das Hormon Testosteron sorgt auch dafür, dass die Brust- und Schamhaare wachsen, in denen sich sexuelle Duftstoffe besonders gut entfalten können. Mit jeder Körperbewegung verbreitet der Mensch ganze Schwaden solcher Sexuallockstoffe. Das hat die Natur so eingerichtet, damit sich Mann und Frau – unmerklich allerdings – am Geruch erkennen können und sich erotisch finden.

Mit der Menge, der Farbe und der Beschaffenheit der Körperbehaarung verhält es sich wie mit dem Kopfhaar: Manche haben rote Haare, manche schwarze, manche blonde, manche mehr, manche weniger. Auch das ist überwiegend Vererbungssache. Wenn du dir die Männer in deiner Familie anschaust, bekommst du eine Vorstellung davon, wie sich deine Körperbehaarung entwickeln wird. Das gilt für dichten Haarwuchs ebenso wie für schütteren – das ist die ganz persönliche Ausstattung, die jeder Mensch mit auf den Weg bekommt.

Die Körperbehaarung lässt sich infolgedessen durch äußere Dinge nicht beeinflussen. Ob man das mag, schön oder anregend findet, ist Geschmackssache. Da darfst du dich nicht von irgendwelchen Modeströmungen in die Irre leiten lassen. Dichtere Körperbehaarung macht dich nicht männlicher als weniger dichte. Im Gegenteil: Es spricht einiges dafür, dass die Veranlagung zu schütterem Kopfhaar oder einer Glatze nur wirksam wird, wenn der Pegel an männlichem Hormon groß genug ist. Ob jemand eine kahle Stelle auf dem Kopf bekommt, hängt von drei Dingen ab: von der Vererbung, von der ausreichenden Ausschüttung des Testosterons und dem Lebensalter.

// Woher kommen nachts die Flecken in meinem Bett?

Auf die erste Erfahrung mit der Samenflüssigkeit werden Jungen früher wie heute wahrscheinlich wenig vorbereitet. Meist passiert es nachts und kann für dich zunächst unerwartet, peinlich oder irritierend sein. Vielleicht bist du mit einem seltsamen Lustgefühl aus einem Traum erwacht und merkst, dass es in deinem Bett feucht ist. Dein erster »feuchter Traum« – wie man diesen unwillkürlichen Samenabgang nennt – kann bereits recht früh auftreten. Unter dem Einfluss des Testosterons haben sich in den Hoden Samen entwickelt und in den Nebenhoden aufgestaut. Diese entladen sich in deinem Alter dann irgendwann durch einen nächtlichen Samenerguss. Das passiert in dieser Form meist in der Pubertät.

Unter diesem sexuellen Druck entdecken die meisten Jungen relativ rasch die Selbstbefriedigung und verschaffen sich so Erleichterung. Dadurch empfinden sie auch das Lustgefühl, das damit verbunden ist, wenn die Samenflüssigkeit aus dem Glied herausspritzt. Wer öfter onaniert, hat seltener »feuchte Träume« und sehr wahrscheinlich mehr Spaß dabei. Selbstbefriedigung ist also nicht nur unschädlich, sondern kann im Gegenteil sogar nützlich sein. Jungen bekommen vor allem in der Entwicklungsphase oftmals eine Erektion, ohne dass sie damit rechnen. Männer wachen meist morgens mit einem steifen Glied auf. Wahrscheinlich lässt sich das durch den morgendlichen Testosteronanstieg erklären. Manchmal entsteht eine Erektion aber auch durch den Harndrang, beim Tragen von schweren Sachen, durch die bloße Reibung der Hose, durch den Anblick eines tiefen Ausschnitts oder nackter Beine. Sexuelle Gedanken, sexuelle Literatur oder erotische Vorstellungen von einer bestimmten Person können sehr erregend sein. Meistens versteift sich das Glied aber bei direkter sexueller Erregung. Reibst oder be-

rührst du oder jemand anderes dein Glied und deine Hoden, dann wird das Glied sehr wahrscheinlich steif.

Nicht selten kommen die spontanen Erektionen ungelegen. Etwa im Schulunterricht, beim Sport oder wenn du irgendwo mit anderen Menschen zusammen bist. Das kann in manchen Situationen ziemlich unangenehm sein. Bei Jungen in der Geschlechtsreife neigt das Glied dazu, sich bei jedem kleinen Anlass ungefragt selbstständig zu machen. Das ist darauf zurückzuführen, dass die Hormonausschüttung noch sehr schwankend ist und der Testosteronspiegel manchmal abrupt sehr ansteigt. Eine solche Gliedversteifung kann unter Umständen sehr schmerzhaft und unangenehm sein. Diese gesteigerte Erregungsbereitschaft lässt jedoch mit der Zeit nach. Um eine ungewollte Erektion zu verbergen, kannst du nicht sehr viel mehr machen, als weite Klamotten zu tragen. Manchen hilft es auch, an etwas für sie Ekliges zu denken.

// Wird mein Glied groß genug werden?

Diese Frage bewegt jeden Jungen in der Entwicklung ganz besonders. Genau wie bei allen anderen Körperteilen gibt es vom Penis alle möglichen Formen und Größen. In dieser Phase möchten viele Jungen »den Größten« haben. Deshalb fürchten sie, ihr Glied sei zu kurz oder zu klein. Warum das so ist, darüber kann man rätseln: Möglicherweise weil die Aktmodelle in Zeitschriften oder Pornoheftchen, die sich Jungen oft anschauen, besonders große Exemplare haben? Weil dieser Körperteil insgesamt zu wichtig genommen wird? Weil sie fürchten, dass Mädchen nur auf Jungen mit einem großen Glied stehen? Dass sie ihre Partnerin oder Partnerinnen damit nicht werden befriedigen können? Oder vielleicht einfach, weil ein junger Mann mit dem sich verändernden Penis noch nicht recht vertraut ist?

Einen Mann macht mehr aus als dieser einzelne Körperteil. Nicht nur das Glied ist ein sinnliches und sexuelles Organ, sondern der gesamte Körper. Dennoch ist es natürlich verständlich, dass du dir auch darüber einen Überblick verschaffen möchtest: Die Medizin hat für den erwachsenen Penis ein Standardmaß zwischen 7,5 und 10 Zentimeter im schlaffen Zustand ausgemacht. Normalerweise wird das Glied durch die Erektion um etwa 50 bis 60 Prozent länger, was also eine statistische Bandbreite von 11,5 bis 17,5 Zentimeter Länge und einen Umfang von 7,8 bis 11,5 Zentimeter ergibt. Nur ein Viertel aller Männer hat ein Glied, das größer ist als dieses Maß. Und einer von hundert Männern bringt es auf eine Länge von 22,5 Zentimeter. Das ist allerdings nur Statistik. Die Größenunterschiede sind im steifen Zustand relativ gering. Man weiß, dass ein im schlaffen Zustand kleiner Penis weit über sich hinauswächst und ein schon im schlaffen Zustand recht großer Penis nicht mehr so viel größer wird.

Größe und Form des Gliedes sind Vererbungssache und durch äußere Maßnahmen nicht zu beeinflussen. Es gibt kein Wundermittel oder -hormon, mit dem man das Glied wachsen lassen könnte.

Die Scheide der Frau passt sich durch Erweiterung oder Zusammenziehen den Größenverhältnissen des Gliedes an. Die Natur hat daher für Mittel und Wege gesorgt, dass beide Geschlechter stets ineinanderpassen und immer genügend lustvolle Reibung der beiden Geschlechtsorgane garantiert ist. Für deine eigene Lust spielt Größe und Form deines Gliedes überhaupt keine Rolle. Die Fähigkeit, Kinder zu zeugen, hat damit ebenso wenig zu tun.

Auch für die Qualität als Liebhaber wird die Größe des Penis schlichtweg überschätzt. Wie gesagt: Je kleiner das Glied, desto größer ist im Verhältnis die Versteifung. Es kommt auf die Reibung in den ersten zweieinhalb bis dreieinhalb Zentimetern der Scheide an, denn da sitzen die Ner-

venenden, die der Frau Lust bereiten. Also kommt es auch auf die Dicke an. Und ganz wichtig: Ob du ein guter Lover wirst, hängt vor allem von deinem Einfühlungsvermögen und deiner Bereitschaft ab, dich auf einen anderen Menschen wirklich einzulassen.

// Woher kommen die Samen?

Im Inneren der Hoden winden sich die stark aufgewickelten Samenkanälchen. Sie gehen alle ineinander über und sind insgesamt fast 300 Meter lang. In diesen Gängen werden die Samen gebildet. Dieser Prozess beginnt schon recht früh, noch bevor die Pubertät äußerlich in Erscheinung tritt. Dafür ist das männliche Geschlechtshormon Testosteron zuständig, das in den Hodenzwischenzellen produziert wird. Sie bilden sich mit der Pubertät erst richtig aus. Mit dem ersten Samenerguss kann ein Junge Vater werden.

Der Nebenhoden ist ein ausgedehnter, stark gewundener Schlauch. Er liegt wie eine Mondsichel hinter dem Hoden. Der Nebenhoden spielt bei der Entwicklung der Samen eine wichtige Rolle. Von den Hoden führen die Samenleiter zur Harnröhre. Sie können sich rhythmisch zusammenziehen und dadurch die Samen vorwärtsschieben. An den Samenleitern sitzen viele kleine Bläschendrüsen, die den größten Anteil der Samenflüssigkeit produzieren. Diese Flüssigkeiten werden hier mit den Samenfäden vermischt. Sie haben alle bestimmte Eigenschaften, die für die Beweglichkeit und den Stoffwechsel der Samen wichtig sind.

Die Samenleiter durchqueren die Vorsteherdrüse, bevor sie in die Harnröhre münden. Die Vorsteherdrüse sitzt direkt vor der Harnröhre und verdankt diesem Umstand ihren Namen. Medizinisch wird sie Prostata genannt. Sie besteht in Wirklichkeit selbst aus vielen kleinen Drüsen, die ebenfalls Samenflüssigkeit bilden.

Die Bildung der Samen ist ein sehr komplizierter Vorgang. Er kann durch viele Dinge leicht gestört werden, zum Beispiel durch Stress, Nikotin oder Umweltgifte. Die Samen reifen in verschiedenen Stufen heran, die man deutlich voneinander unterscheiden kann. Erst entstehen die Spermatozyten, aus denen sich die Spermatiden und dann erst die Spermien – also die Samenzellen – entwickeln.

Ein Samenfaden ist winzig klein und hat Ähnlichkeit mit einer Kaulquappe. Er besteht aus Kopf, Mittelstück und Schwanzteil. Der Schwanz kann sich propellerartig bewegen und damit sein ganzes Vorderteil vorwärts schieben. Diese Beweglichkeit ist eine der wichtigsten Voraussetzungen dafür, dass sich ein Samen in der Frau zur Eizelle hinschlängeln und diese befruchten kann.

Etwa 64 Tage – also mehr als zwei Monate – dauert es, bis aus den Vorstufen der Samen reife Samenzellen geworden sind. Diese werden in den Nebenhoden zwischengelagert. Während die Samenfäden zwölf weitere Tage durch dieses Schlauchsystem wandern, werden sie erst richtig einsatzfähig gemacht: Erst nach dieser Reise ist ein Samen nämlich in der Lage, sich zum Ei zu bewegen.

Von den Nebenhoden führen die Samenleiter zur Harnröhre. Durch diesen Gang werden die Samen dann beim Samenerguss endgültig hinausbefördert. Vorher münden aber noch bestimmte Drüsen ein: Aus der Prostata und den anderen Drüsen wird die Flüssigkeit abgesondert, in der die Samen dann nach draußen katapultiert werden.

Die Samenflüssigkeit – auch Sperma genannt – stammt zu etwa 20 Prozent aus der Prostata, ungefähr zu 70 Prozent aus den Samenbläschen und zu etwa 10 Prozent aus den Nebenhoden, die damit den eigentlichen Samen zum Sperma beisteuern. Die Menge beträgt zwischen fünf und 13 Milliliter.

Jeder Bestandteil des Spermas hat eigene und wichtige Aufgaben zu erfüllen. In den Flüssigkeiten aus den kleineren Drüsen sind Stoffe enthalten, die den noch starren Samen

zur Bewegung anregen. Andere wiederum schaffen dem Samen ein geeignetes Lebensklima und nähren ihn. Es ist sogar eine Art Treibstoff enthalten, der den Samen beschleunigt, sobald es in den Geschlechtsorganen der Frau angekommen ist. Denn schließlich gewinnt nur der schnellste Samen den Wettlauf um ein befruchtungsfähiges Ei. In den Geschlechtsorganen der Frau wird das Sperma noch flüssiger, damit es besser in die Eileiter aufsteigen kann, wo die Befruchtung meist stattfindet. Die Samenflüssigkeit ist teils gallertartig, teils flüssig. Sie hat einen typischen leicht säuerlichen Geruch, der auch davon abhängig ist, was gegessen und getrunken wurde.

Vor dem Austritt der Samenflüssigkeit schließt sich die Harnröhre zur Blase hin, damit die Samen nicht in den Körper wandern oder zusammen mit dem Urin ausgeschieden werden. Der Samenerguss selbst geht stoßweise und unter einem großen Druck vor sich, sodass nicht selten eine Geschwindigkeit von 70 km/h erreicht wird. Die ersten Ausstöße können mehrere Meter weit reichen. Das muss aber nicht sein, gerade am Anfang ist es genauso normal, wenn die Samenflüssigkeit nur herausrinnt.

Durch einen einzigen Samenerguss werden etwa 350 bis 400 Millionen Samen hinausbefördert. Also rein theoretisch genug für ebenso viele Babys. Je öfter hintereinander Ejakulationen stattfinden, umso weniger Samen sind in der Samenflüssigkeit enthalten. Aber nie so wenig, dass eine Verhütung überflüssig wäre.

// Welche Rolle spielt das Testosteron?

Sexualität und Fruchtbarkeit werden vom Gehirn aus gesteuert. Hier werden die Hormone FSH (follikelstimulierendes Hormon) und LH (luteinisierendes Hormon) ausgeschüttet. Über die Blutbahn gelangen sie zu den Geschlechtsorganen

und setzen dort die Ausschüttung der Geschlechtshormone in Gang. Die typischen Hormone des Mannes werden Androgene genannt. Das Testosteron ist ihr wichtigster Vertreter. Es regt unter anderem die Zellen in den Hoden an, Samen zu bilden.

Das Testosteron bewirkt, dass Männer »männlich« aussehen. Es steuert ihre Lust auf Sex und ihr sexuelles Verhalten. Ähnlich wie die Bildung des Östrogens bei Frauen, ist auch die Ausschüttung von Testosteron Schwankungen unterworfen. Am höchsten ist sie morgens, am niedrigsten abends. Allerdings können auch äußere Reize – etwa sexuelle Reize – die Testosteronbildung ankurbeln. Alkohol und Stress dagegen lassen sie absinken.

Testosteron hat nicht nur einen Einfluss auf den Sexualtrieb. Es fördert nachweislich auch Verhaltensweisen wie Risikofreude, Abenteuerlust, Konkurrenzdenken. Allerdings darf man daraus nicht schließen, dass Mädchen all diese Verhaltensweisen nicht an den Tag legen.

// Wieso wird das Glied steif?

Das Glied ist eines der eigenwilligsten Körperteile. Wie die Versteifung zustande kommt, ist letztlich noch nicht geklärt. Es ist ein unwillkürlicher Reflex, der sich nicht steuern lässt. Das Glied ist praktisch geformt wie ein Rohr und besteht aus zwei Teilen. Die Eichel ist die abgerundete Spitze und der Teil, der am empfindlichsten auf Berührungen reagiert. Der Schaft ist der lange Teil des Penis, der steif werden kann. Er verfügt über drei Schwellkörperstränge. Sie füllen sich bei sexueller Erregung verstärkt mit Blut. Dadurch richtet sich das normalerweise weiche, kleine Glied auf und wird härter und größer. Es steht vom Körper so weg, dass man fast das Gefühl hat, es wäre ein Knochen darin. Mit diesem Mechanismus hat die Natur es eingerichtet, dass Mann und Frau wie

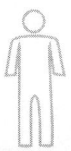

Schloss und Schlüssel ineinanderpassen und das Glied in die Scheide der Frau eingeführt werden kann, ohne gleich wieder herauszurutschen.

Durch ein ausgeklügeltes Schleusensystem bleibt das Blut in den Schwellkörpern, bis die Erregung abgeklungen ist. So lange ist auch das Glied steif. Das Glied hat zwei getrennte Kreisläufe: Einer ist zuständig für die Gliedversteifung, der andere für die Nährstoffe und Sauerstoffversorgung. Dadurch erleidet das Glied bei einer längeren Versteifung keinen Versorgungsmangel. Sonst bestünde nämlich die Gefahr, dass es geschädigt würde.

// Welchen Sinn hat die Vorhaut?

Die Vorhaut nur eine Haut zu nennen, ist schon fast ungerecht. Sie ist nämlich viel mehr: Sie ist der wichtigste Schutz der empfindlichen Gliedspitze, der Eichel, dem verdickten vorderen Ende des Gliedes. In der Haut der Eichel befinden sich die sensibelsten Nervenenden, die ganz besonders lustvoll und erregt reagieren können. Die Eichel ist das Gegenstück zum Kitzler der Frau, der sich ebenfalls mit Blut füllen und ganz prall werden kann.

Die Vorhaut bietet dem Glied die Entfaltungsmöglichkeit, um bei Erregung über sich selbst hinauszuwachsen. Auf Anforderung des Gehirns, das beispielsweise auf eine sexuelle Erregung oder eine zarte Berührung reagiert, gleitet diese Schutzhülle zurück, um die Eichel zu enthüllen. Sie enthält überdies bestimmte Drüsen, die eine ölige Substanz absondern, die verhindert, dass die Eichel austrocknet oder sich bestimmte Krankheitskeime dort ansiedeln. Die Vorhaut wird auf einer Seite durch ein feines Bändchen festgehalten. Normalerweise ist die Eichel von der Vorhaut bedeckt. Das weißt du ja selbst am besten vom Waschen, wenn du die Vorhaut zurückschiebst, um dich darunter zu reinigen.

Normalerweise lässt sich die Vorhaut leicht und vollständig zurückstreifen. Bei kleinen Jungen ist die Vorhaut sogar deutlich länger als der Penis. Die Eichel liegt dadurch besonders geschützt im Inneren der Vorhaut. Dies verändert sich im Laufe der Entwicklung. Bei manchen erwachsenen Männern liegt die Eichel völlig frei.

Bei manchen Jungen kann es passieren, dass sich die Vorhaut nicht zurückschieben lässt. Dabei handelt es sich um eine Vorhautverengung. Allerdings wird diese sogenannte Phimose fast immer schon bei kleinen Jungen entdeckt. Denn meist ist eine Vorhautverengung mit Jucken, Schmerzen und Brennen beim Wasserlassen verbunden. In manchen Fällen kommt es vor, dass das Glied bei der Versteifung einen auffälligen Knick bekommt. Wenn du denkst, dass du eine Vorhautverengung haben könntest, suche auf jeden Fall einen Arzt auf, um das abzuklären. Die meisten Phimosen kann man ohne Operation mithilfe von Salben durch Dehnen behandeln. Hilft diese Methode nicht, muss eine Phimose allerdings operativ behandelt werden, weil die Gefahr besteht, dass die Eichel abgeschnürt wird. Selbst hier wird aber inzwischen nur so viel geschnitten wie unbedingt nötig.

In manchen Religionen und Kulturen wird die Vorhaut schon im frühen Kindesalter beschnitten oder angeschnitten. Die modernen Befürworter der Beschneidung führen dafür vor allem das Argument an, dass sich unter der Vorhaut eine Absonderung ansammelt, die Smegma genannt wird. Wenn sie sich zersetzt, soll sie sowohl beim Mann als auch bei der Frau Krebs auslösen können. Das wurde aber wissenschaftlich nie bewiesen. Dieses Smegma ist nämlich auch ein natürliches Gleitmittel und tötet Bakterien ab. Ohne das Smegma kann die Eichel verhornen. Beschnittene Männer berichten auch davon, dass ihre Eichel durch die fehlende Vorhaut und die dadurch ständige Reibung sehr unempfindlich geworden sei und sie weniger intensive Gefühle beim Sex haben. In unserer westlichen Gesellschaft ist man sich inzwischen einig,

dass eine prophylaktische Beschneidung nicht empfohlen wird, da ihr eventueller Nutzen nicht größer ist als der mögliche Schaden, den sie anrichten kann.

Im Glied verläuft auch die Harnröhre. Durch sie fließen sowohl der Urin als auch die Samenflüssigkeit. Ein spezieller Verschlussmechanismus sorgt dafür, dass sich die beiden Flüssigkeiten niemals mischen. Es kommt also nicht zum Austritt von Urin, wenn ein Mann mit jemandem schläft. Die Harnröhre ist reich an Drüsen. Sie sondern Sekrete ab, um die Harnröhre feucht zu halten.

Wichtig ist es auf jeden Fall, auf eine sorgfältige und regelmäßige Pflege zu achten. Beim Waschen sollte die Vorhaut immer vorsichtig zurückgezogen werden, um die Eichel freizulegen. Dieser Bereich sollte dann lediglich mit warmem Wasser gründlich gereinigt und anschließend mit einem Handtuch trocken getupft werden.

// Ich habe einen kleinen Busen, ist etwas mit mir nicht in Ordnung?

Beide Geschlechter bilden in ihrem Körper die Hormone des anderen Geschlechts – Männer Östrogen und Frauen Testosteron. In der Kindheit haben Jungen und Mädchen annähernd die gleichen Mengen Östrogen und Testosteron im Blut. Mit Beginn der verstärkten Hormonausschüttung in der Pubertät kommt es vorübergehend zu einem Ungleichgewicht. Deshalb kann bei vielen Jungen mit etwa zwölf Jahren das Brustgewebe durch das Östrogen einen Wachstumsschub erhalten. Jungen bekommen dann eine kleine Brust, die ähnlich wie bei Mädchen in diesem Alter jucken und spannen kann.

Sobald sich die Hormonbildung eingependelt hat, bildet sich die Brust zurück. Das ist meist innerhalb eines Jahres der Fall. Du brauchst dir also keinerlei Sorgen zu machen, wenn

deine Brust anschwillt. Das ist lediglich ein Zeichen dafür, dass du dich nun auf dem Weg zum erwachsenen Mann befindest.

// Was ist bei Mädchen in der Pubertät anders?

Bei Mädchen beginnt die geschlechtliche Entwicklung in aller Regel ein bis anderthalb Jahre früher als bei Jungen. Auch bei ihnen wird dieser Entwicklungsschub durch Hormone ausgelöst. Bei den meisten Mädchen fängt die Brust so etwa um das elfte Lebensjahr herum an zu wachsen. Von nun an dauert es noch etwa zwei Jahre, bis das Mädchen seine erste Monatsblutung bekommt. Vorher steht noch der Wachstumsschub ins Haus. Ähnlich wie bei dir schwankt jetzt auch bei Mädchen die Stimmung leichter als früher.

Ebenso wie Jungen werden Mädchen mit allen Geschlechtsanlagen geboren: den beiden Eierstöcken, zwei Eileitern, der Gebärmutter, der Scheide und dem Kitzler. All diese Organe befinden sich im Unterleib unterhalb des Bauchnabels. In der Mitte liegt die Gebärmutter, die die Form einer kleinen Birne hat. Am »Kopf« dieser Birne windet sich auf jeder Seite ein Eileiter zum Eierstock hin. Von der Gebärmutter aus führt die Scheide nach unten aus dem Körper heraus. Äußerlich sind nur die Schamlippen mit der Schamspalte zwischen den Oberschenkeln zu sehen. Zwischen ihnen versteckt sich der Kitzler, das sexuell empfindlichste Organ der Frau.

In den Eierstöcken haben sich schon vor der Geburt Millionen von Eianlagen ausgebildet, etwa 400 000 dieser Eizellen sind bei der Geburt noch vorhanden. Das sind die kleinen Bläschen, aus denen nach einer Befruchtung mit dem Samen eines Mannes ein Baby entsteht. In jedem Zyklus reift eine solche Eizelle heran. Das wichtigste Erlebnis im Laufe der

Pubertät ist für die meisten Mädchen die erste Monatsblutung.

Die erste Regel tritt im Durchschnitt zwischen dem 9. und dem 16. Lebensjahr ein. Der Zeitpunkt liegt etwa drei Jahre nach dem Beginn der Hormonproduktion und zwei Jahre nach der Brustknospung. In den Eierstöcken werden jetzt Östrogene gebildet.

Der Zyklus wird ebenso wie die Samenreifung vom Gehirn gesteuert: Das follikelstimulierende Hormon (FSH) gelangt über die Blutbahn zum Eierstock, wo es die Bildung von Östrogen anregt. In der ersten Hälfte des Zyklus reift in einem der beiden Eierstöcke eine Eizelle heran. In der Gebärmutter wird gleichzeitig die Schleimhaut aufgebaut. Hier soll sich nämlich im Fall einer Schwangerschaft die befruchtete Eizelle einnisten.

Ist die Eizelle ausgereift, wird vom Eierstock mittels Östrogen ein Signal an das Gehirn geschickt. Es schüttet daraufhin ein weiteres Hormon aus: das luteinisierende Hormon. Nun springt die reife Eizelle aus dem Eierstock heraus in die Trichteröffnung des Eileiters, der sich zu diesem Zeitpunkt etwas über den Eierstock stülpt. Mit diesem Eisprung beginnen die fruchtbaren Tage der Frau.

Die Reise der Eizelle durch den Eileiter dauert etwa vier Tage. Auf diesem Weg kann sie von einer Samenzelle befruchtet werden. In der leeren Eihülle im Eierstock wird nun ein weiteres Hormon gebildet, das Progesteron. Es sorgt unter anderem dafür, dass ein möglicherweise befruchtetes Ei nicht »aus Versehen« ausgestoßen wird.

Ist es zu keiner Befruchtung gekommen, löst sich die Eizelle auf. Innerhalb der nächsten zehn bis vierzehn Tage setzt dann die Blutung ein. Dabei wird die oberste Schicht der Gebärmutterschleimhaut ausgeschieden. Die Muskeln der Gebärmutter ziehen sich leicht zusammen, um diesen Prozess zu erleichtern. Wie lange eine Blutung dauert, ist von Frau zu Frau und von Mal zu Mal verschieden.

Ob eine Monatsblutung schmerzhaft und mit Unwohlsein verbunden ist, ist ebenfalls von Frau zu Frau und von Mal zu Mal unterschiedlich. Gerade in der Pubertät, wenn der Zyklus sich noch einpendeln muss, kann die Blutung und die Zeit davor sehr unangenehm sein. Mit der Regelblutung beginnt ein neuer Zyklus. Es ist ein verbreiteter Irrtum, dass er immer 28 Tage lang sein muss. Nur eine von hundert Frauen hat einen solchen Rhythmus, bei allen anderen ist er länger oder kürzer.

Sylvia Schneider & Katrin Warnstedt
Das Jungen-Fragebuch
ab 12 Jahren
176 Seiten, Klappenbroschur
ISBN 978-3-7641-7032-5

Ela Mang
Menduria
Das Buch der Welten

400 Seiten
Hardcover
ISBN 978-3-7641-5058-7

Wie verzeiht man das Unverzeihliche?

Die 16-jährige Lina ist auserwählt. Sie soll diejenige sein, die Menduria und damit das gesamte bestehende Weltengefüge retten soll. Der Schlüssel hierzu ist das Buch der Gezeiten, das jedoch mit sieben Siegeln verschlossen ist. Nur durch die wahrhaftige Empfindung von Selbstlosigkeit, Mitgefühl, Vertrauen, Mut, Ehrlichkeit, Liebe und Vergebung können diese Siegel geöffnet werden. In Menduria trifft sie auf den geheimnisvollen Dunkelelfen Darian. Er macht ihr das Leben schwer, aber dennoch verliebt sie sich rettungslos in ihn. Und es stellt sich heraus: Auch diese weltenübergreifende Liebe war vom Schicksal vorherbestimmt. Denn nur durch die Kraft von Darians Liebe schafft es Lina, das letzte Siegel zu öffnen und das Unverzeihliche zu verzeihen: den Mord an ihrer Mutter.

www.ueberreuter.de
www.facebook.com/UeberreuterBerlin